GRUNDLAGEN UND GEDANKEN ZUM VERSTÄNDNIS
ERZÄHLENDER LITERATUR

ANNA SEGHERS: DAS SIEBTE KREUZ

von

BERNHARD SPIES

VERLAG MORITZ DIESTERWEG
Frankfurt am Main

Die Reihe wird herausgegeben von Hans-Gert Roloff.

Die Deutsche Bibliothek – CIP-Einheitsaufnahme

Spies, Bernhard:
Anna Seghers: Das siebte Kreuz / von Bernhard Spies.
– 1. Aufl. – Frankfurt am Main: Diesterweg, 1993.
(Grundlagen und Gedanken zum Verständnis erzählender Literatur)
ISBN 3-425-06059-7

ISBN 3-425-06059-7

1. Auflage 1993

Umschlaggestaltung: Reinhard Schubert, Frankfurt am Main
Gesamtherstellung: graphoprint, Koblenz

Inhalt

1 Allgemeine Grundlagen

1.1 Deutschland 1933: Die »Machtergreifung« und das Ende der kulturellen Duldsamkeit

Am 30. Januar 1933 vereidigte Reichspräsident Hindenburg Adolf Hitler als Reichskanzler. Der rechtlichen Form nach war dieser Vorgang ein Regierungswechsel aufgrund einer neuen Koalition zwischen Deutscher Volkspartei, Deutschnationaler Volkspartei und der NSDAP, die damit als regierungsfähig anerkannt wurde; die Akklamation durch die Wähler folgte am 5. März. Der politischen Sache nach war es der Auftakt der faschistischen Formierung von Staat und Gesellschaft. Durch Verordnung des Reichspräsidenten »zum Schutz des deutschen Volkes« wurden am 4. Februar Grundrechte der Weimarer Verfassung außer Kraft gesetzt, und am 28. Februar, dem Tag nach dem Reichstagsbrand, proklamierte Hindenburg den Ausnahmezustand. Der neu gewählte Reichstag erließ sogleich das sog. Ermächtigungsgesetz, das alle Macht in die Hände der Exekutive legte; das Gesetz zur »Wiederherstellung des Berufsbeamtentums«, sprich: zu dessen politischer und rassischer Säuberung, und die Gesetze zur Gleichschaltung der Länder folgten alsbald. Im Mai begann die Auflösung der bürgerlichen Parteien und der Gewerkschaften, deren Mitglieder und Vermögen der Deutschen Arbeitsfront unterstellt wurden; SPD und KPD wurden verboten, ihre politischen Aktivitäten mithin kriminalisiert.

Unterdessen waren die Nationalsozialisten auch auf dem kulturellen Sektor nicht untätig: Sie begannen eine großangelegte Säuberung der deutschen Kultur. Zunächst lieferte der Ausnahmezustand nach dem Reichstagsbrand die rechtsförmige Handhabe, schon lange geplante Maßnahmen gegen kommunistisch und sozialistisch orientierte Schriftsteller durchzuführen. Nach den Reichstagswahlen im März 1933 setzte die öffentliche Verfemung bürgerlicher und jüdischer Autoren ein, die zwar nicht des Bolschewismus zu bezichtigen waren, aber als Vertreter volksschädlicher Haltungen – des Nihilismus, des Liberalismus usw. – inkriminiert wurden. Die Säuberung der Preußischen Akademie der Künste in Berlin – durch den Ausschluß von Franz Werfel, Leonhard Frank, Fritz von Unruh, Jakob Wassermann und anderen, durch den ›freiwilligen‹ Austritt von Alfred Döblin, Käthe Kollwitz, Ricarda Huch und der Gebrüder Mann – und vor allem die Bücherverbrennung, die am 10. Mai in allen Universitätsstädten des Reiches veranstaltet wurde, waren mehr als nur symbolische Akte (vgl. Sauder 1983). Von größerer materieller Bedeutung aber für die Existenz mißliebiger Autoren waren die schwarzen Listen, aufgrund derer ihre Bücher aus dem Sortiment des Buchhandels, den Büchereien und schließlich aus den Verlagsprogrammen verschwanden. Durch das Ensemble solcher Maßnahmen »hatten die Nationalsozialisten noch vor Gründung des Reichspropagandaministeriums, der Reichsschrifttumskammer und des Amtes für Überwachung der gesamten geistigen und weltanschaulichen Schulung und Erziehung der NSDAP ihre Herrschaft auf dem kulturellen Sektor befestigt« (Stephan 1979, S. 31).

Diese kulturpolitische Militanz wird oft auf eine generelle Kulturfeindlichkeit des Nationalsozialismus zurückgeführt; so schon von den geflohenen Schriftstellern selbst (Rotermund 1984, S. 187). Diese Begründung erklärt aber nicht das zwieschlächtige Verhältnis der Nazis zu Kunst und Literatur: Der Ausmerzung ›zersetzender‹ künstlerischer Bestrebungen stand die Installierung eines regelrechten Kultus ›großer‹ deutscher Literatur und Musik gegenüber (Dümling 1988). Zudem unterhielt der faschistische Staat einen hochsubventionierten Literatur- und Theaterbetrieb und warb um die Mitarbeit von namhaften Schriftstellern, auch wenn deren Poetik kaum in das Schema eines arischen Kunststrebens hineinpaßte; so (erfolgreich) um Gottfried Benn und (erfolglos) um Ernst Jünger und Thomas Mann. Nicht schiere Kunstfeindschaft, sondern ein nationalistisch motiviertes Interesse an der Kunst prägte das Verhältnis des Nationalsozialismus zu Literatur und Literaten: ›Große‹ deutsche Kunst galt ihm als kultureller Ausweis für die Überlegenheit alles Deutschen und damit als Rechtstitel für den politischen Weltmachtanspruch der Nazis – eben jenen Anspruch, den sie zwar auf Schillerfeiern und mit Brucknerkonzerten glorifizierten, den sie aber praktisch mit der Unterordnung aller ›Volksgenossen‹ unter den faschistischen Arbeits- und Kriegsdienst durchsetzten. Aus diesem imperialistischen Programm und seinen Anforderungen an die ›Moral‹ der Nation ergab sich auch das Kriterium zur Selektion erwünschter und unerwünschter Kultur.

Der Nationalsozialismus faßte jede künstlerische Äußerung von vornherein als Ausdruck und Pflege der Staatsgesinnung. Wegen seiner Anforderungen an die Loyalität der ›Volksgenossen‹, von denen uneingeschränkte nationale Funktionstüchtigkeit in jeder materiellen und moralischen Hinsicht verlangt war, insistierte er auf einer Politisierung des öffentlichen Bewußtseins, die jede Distanz zur politischen Herrschaft ausschließt und nur die Unterordnung von jedermann in seinem ganzen Handeln, Denken und Empfinden unter das nationale Kollektiv bekräftigt.

Mit diesem totalitären Anspruch ausgestattet, schritten die Nationalsozialisten zu einer ebenso simplen wie absurden Selektion des Kulturlebens. Person und Werk eines ›Kulturschaffenden‹ wurden einfach an den faschistischen Anforderungen an eine ›deutsche‹ Kultur gemessen. Zur Förderung berechtigten erwiesene ideologische Nähe, aber auch ein spektakuläres Wendemanöver wie dasjenige Arnolt Bronnens, nicht zuletzt das subjektive Wohlwollen einer NS-Größe – das abstrakte politische Selektionskriterium öffnete der persönlichen Willkür von faschistischen Kulturpolitikern Tür und Tor –, und schließlich konnte bereits erworbene Prominenz eines Schriftstellers seinen politischen und ästhetischen Abstand zum NS-Kulturprogramm ein Stück weit kompensieren, sofern er als Aushängeschild für die Überlegenheit deutscher Kultur brauchbar schien (Strothmann 1960). Wer nicht auf diese Weise zum Freund erklärt wurde, den verfolgten die Nationalsozialisten als einen Feind, dessen Ausschaltung eine Lebensfrage der Nation darstelle. So kamen Frauen und Männer, die über keine anderen Mittel verfügten als über ihre Sprache, zu der zweifelhaften Ehre, von den Nazis verfolgt zu werden, als seien sie mit Macht ausgestattete Gegner.

1.2 Das Exil 1933-1945

Anders als die Nationalsozialisten, die die Berufung Hitlers zum Reichskanzler sogleich zur »Machtergreifung« glorifizierten, sahen die meisten Schriftsteller und Intellektuellen, die schon auf den schwarzen Listen der Nazis standen, im Machtwechsel nicht sogleich den epochalen Einschnitt. Die Überzeugung, Hitler und die NSDAP könnten ihre Machtposition nicht lange halten, war von den Nationalliberalen bis zu den Kommunisten weit verbreitet, und auch in den ersten Jahren des Exils gab sich die Mehrheit der geflüchteten Politiker, Journalisten und Schriftsteller der Hoffnung hin, die NS-Herrschaft werde in absehbarer Zeit an eigener Inkompetenz wie an massenhafter Loyalitätsverweigerung scheitern; die Kommunisten wähnten gar, die faschistische »Machtergreifung« bringe die sozialistische Revolution näher. Für diese Blindheit gab es viele verschiedene Gründe. Schon in der Weimarer Zeit hatten die meisten Schriftsteller, die dem Nationalsozialismus ablehnend gegenüberstanden, dessen Aufstieg für weniger relevant erachtet als die politischen und literarischen Differenzen, die sie untereinander austrugen. Zum zweiten sahen sie den juristischen und kulturpolitischen Repressalien, die sie von den Nazis durchaus erwarteten, mit einer abwartenden Haltung entgegen, die nur aus heutiger Perspektive als weltfremd erscheint.

In der Tat setzten antisemitische Hetze, politische Diffamierung und juristische Verfolgung von Schriftstellern, die Verhinderung von Theateraufführungen durch Gerichtsbeschluß oder SA-Kommandos nicht erst mit der »Machtergreifung« ein. Hans Albert Walter hat ausführlich dokumentiert, wie in der Weimarer Republik schon vor 1929 die Privatinitiative rechter Gruppen mit einer Justiz zusammenwirkte, welche mit dem Gesetz zum Schutz der Republik und dem gegen Schmutz und Schund gegen sozialkritische und avantgardistische Autoren vorging (Walter, Bd. 1, 1972); und in Alexander Stephans Darstellung der Exilliteratur findet sich eine eindrucksvolle, wenngleich keineswegs vollständige Liste der in der Weimarer Zeit verbotenen Publikationen und Theateraufführungen (Stephan 1979, S. 22 f.). Nolens volens hatten die jüdischen, sozialistischen und linksbürgerlichen Autoren sich mit dieser ›Normalität‹ arrangiert, und manche sahen in solchen Repressalien sogar den ex negativo gelieferten Beweis für einen öffentlichen Einfluß, den sie faktisch längst eingebüßt hatten (Strothmann 1960, S. 92). Mit den Maßnahmen der Nationalsozialisten zur Säuberung des deutschen Kulturlebens allerdings konnten und wollten sich sehr viele nicht mehr arrangieren.

Diese Maßnahmen setzten unmittelbar nach dem Reichstagsbrand ein. Zunächst wurden vor allem kommunistische Autoren polizeilich drangsaliert, viele – darunter Anna Seghers – verhaftet und für einige Tage gefangengehalten. Diffamierung, Publikationsverbot und Existenzbedrohung taten ihre Wirkung dann auch bei den bürgerlichen Schriftstellern. Willy Bredel und Ludwig Renn mußten längere Zeit in Gefängnissen und Konzentrationslagern verbringen, Erich Mühsam, Carl von Ossietzky und andere gingen dort zugrunde. Aufs Ganze gesehen legten es die Nationalsozialisten aber nicht darauf an, die Fluchtbewegung zu unterbinden. »Das Exil galt ihnen, Joseph Goebbels' Satz von den Exilanten als

›Kadavern auf Urlaub‹ weist darauf hin, anscheinend ebensoviel wie Inhaftierung oder Tod« (Stephan 1979, S. 39).

Im Herbst 1933 war der literarisch-publizistische Exodus weitgehend abgeschlossen. »Insgesamt haben weit über 2000 im weiteren Sinn literarisch wirkende Männer und Frauen Deutschland verlassen. Unter ihnen befanden sich fast alle international bekannten Autoren. Zusammen mit den geflüchteten Musikern, bildenden Künstlern und den Angehörigen der wissenschaftlichen und politischen Intelligenz machten sie die größte kulturelle Emigration der bisherigen Geschichte aus« (Rotermund 1984, S. 187).

Die Fluchtwege der Vertriebenen führten zunächst vor allem in mittel- und westeuropäische Länder, insbesondere in die Tschechoslowakei und nach Frankreich. Vor dem Hitler-Stalin-Pakt bot sich die Sowjetunion als ein Exilland an, das im Unterschied zu den kapitalistischen Ländern gesicherte Lebens- und Arbeitsbedingungen versprach; freilich wurde dieses Angebot nur von kommunistischen Autoren wahrgenommen und zwar keineswegs von allen; wie Bertolt Brecht, so gab auch Anna Seghers anderen Exilländern den Vorzug. Die außenpolitisch abgesicherten Erfolge Hitlers bei der Ausweitung seines Herrschaftsbereichs – der Anschluß des Saargebiets (1935) und Österreichs (1938), die Annexion der sudetendeutschen Gebiete (1938) und der gesamten Tschechoslowakei (1939) – schränkten den Lebens- und Tätigkeitsbereich der Exilschriftsteller immer weiter ein. Die Erfolge der deutschen Wehrmacht im ›Blitzkrieg‹ nach Westen verursachten schließlich eine zweite Fluchtwelle, die aus Europa nach Nord- und Südamerika strömte und die eher als die erste den Charakter des Rettungsversuchs aus unmittelbarer Existenzbedrohung hatte. Die Fluchtwege führten aus dem unbesetzten Frankreich über Franco-Spanien nach Lissabon, von wo aus noch Schiffsreisen über den Atlantik möglich waren.

Die aktuellen Motive, aus denen Schriftsteller Deutschland verließen, waren vielfältig. »Unmittelbare physische Bedrohung findet sich da [...] ebenso wie ein vager Abscheu vor dem Stil der neuen Machthaber; psychischer Druck ebenso wie rassische Diffamierung; ein tatsächlicher oder antizipierter Verlust der Existenzgrundlage ebenso wie die permanente Unruhe jener, die sich schon vor 1933 in einer Art von geistigem Exil befunden hatten« (Stephan 1979, S. 38). Die gemeinsame Exilsituation nivellierte keineswegs die Differenzen der politischen Positionen und künstlerischen Temperamente, die sich in der Weimarer Zeit herausgebildet hatten. Dennoch nahmen sie fast ohne Ausnahme den »Zwang zur Politik« (Th. Mann) wahr, der vom Faschismus ausging, und versuchten auf je verschiedene Weise, der unvermeidlichen politischen Bedeutung ihrer Literatur Rechnung zu tragen.

In den Jahren 1935 bis 1938, nachdem die KPD ihre Sozialfaschismus-Theorie gegen die Sozialdemokratie aufgegeben hatte, betrieben vor allem kommunistische und sozialistische Schriftsteller den Versuch, alle im Exil vertretenen Positionen zur – wenngleich lockeren – politischen Einheit einer antifaschistischen »Volksfront« zusammenzuführen. Das bemerkenswerteste Resultat des Bemühens um eine gemeinsame politisch-literarische Plattform stellte der Internationale Schriftstellerkongreß zur Verteidigung der Kultur dar, der im Juni 1935 in Paris stattfand. Auf diesem Forum meldeten sich fast alle namhaften Schriftsteller des Exils zu Wort, und die Teilnahme von Autoren aus Frankreich, England, den USA, Spanien und der Sowjetunion (u. a. Louis Aragon, André Gide, André Malraux, Aldous Huxley, Sinclair Lewis) verschaffte den Exilautoren eine Öffentlichkeit, die sie mit ihren Vereins-, Zeitschriften- und Verlagsgründungen nie erzeugen konnten. Allerdings stellte dieser Kongreß auch schon den später nicht mehr erreichten Höhepunkt derartiger Organisationsversuche dar. Ein gemeinsames Interresse jenseits der Opposition gegen den Faschismus ließ sich nicht organisieren.

Dennoch gab es ein solches Anliegen, das alle Differenzen zwischen den Emigranten überbrückte und durch sämtliche Stationen der Emigration hindurch aufrechterhalten wurde. Es bestand in dem »Selbstbewußtsein, ein dem Nationalsozialismus entgegengesetztes ›anderes Deutschland‹ zu repräsentieren« (Rotermund 1984, S. 187). In diesem Selbstbewußtsein unternahmen die Exilanten ihre meist ohnmächtigen Versuche, in die öffentlichen Debatten ihrer Asylländer einzugreifen, die wenigen Möglichkeiten der Einwirkung in den Herrschaftsbereich der Nazis zu nützen, diesem Anliegen adäquate Schreibweisen zu entwickeln und dabei die eigene Identität als Schriftsteller zu behaupten. Das Bemühen um politische Einflußnahme scheiterte durchweg; in der Sowjetunion am Stalinismus, in den westlichen Ländern an den Konjunkturen der öffentlichen Meinung, die zwischen Gleichgültigkeit und einer eher mißtrauischen und manchmal feindseligen Aufmerksamkeit wechselte. Die literarische Selbstbehauptung war der einzige Erfolg, den die meisten Exilanten erringen konnten, und er war schwer genug zu erringen.

Die Schwierigkeiten begannen mit den ökonomischen Zwangslagen der Flucht, setzten sich fort in den administrativen Einschränkungen, die ihnen die Fluchtländer – wenngleich in sehr unterschiedlichem Maß – bereiteten, und viele der Vertriebenen litten am meisten am Abgeschnittensein vom lebendigen Zusammenhang der Sprache, in der sie dachten und schrieben (Maimann 1981). Daß sich aber – im Unterschied zu den übrigen Flüchtlingen vor Hitler – nur die wenigsten Exilschriftsteller um eine Integration in die Gastländer bemühten, lag nicht allein an diesen Umständen. Es war das durchgehaltene Gefühl der Verbundenheit mit einer Nation, in deren Namen zur gleichen Zeit die schrecklichsten Verbrechen verübt wurden, und eine nie aufgegebene Sorge um das Geschick Deutschlands nach dem Nationalsozialismus, die verhinderten, daß aus dem Exil der Schriftsteller eine gewollte Emigration wurde. Daß die Rückkehr der meisten Exilanten nach 1945 einen für sie so unglücklichen Verlauf nahm, lag an ihnen zuletzt (Koebner/Rotermund 1990).

1.3 Anna Seghers im Exil

Anna Seghers (1900-1983) war, als Hitler an die Macht kam, eine profilierte Schriftstellerin, 1928 für die Erzählung *Aufstand der Fischer von St. Barbara* mit dem Kleist-Preis ausgezeichnet, vom gleichen Jahr an Mitglied der KPD und des

Bundes proletarisch-revolutionärer Schriftsteller, promovierte Kunsthistorikerin, verheiratet mit dem ungarischen Philosophen und Wirtschaftswissenschaftler László Radvány, Mutter zweier Kinder, und sie war selbst das Kind einer jüdischen Familie in Mainz. Während der ersten Verfolgungswelle nach dem Reichstagsbrand wurde sie verhaftet, nach der Entlassung eine zeitlang überwacht, ihre Wohnung wurde polizeilich durchsucht. Daraufhin floh sie mit ihrer Familie von Berlin über die Schweiz nach Frankreich und fand im Pariser Vorort Bellevue eine Wohnung. Im Sommer 1933 beteiligte sie sich an der Wiedergründung des »Schutzverbandes deutscher Schriftsteller« (SDS) in Paris, und vom Herbst desselben Jahres an erschien in Prag die Zeitschrift *Neue deutsche Blätter*, die sie zusammen mit Wieland Herzfelde, Oskar Maria Graf und dem im illegalen Widerstand in Berlin arbeitenden Schriftsteller Jan Petersen herausgab. Die Zeitschrift war von Anfang an bestrebt, alle Positionen der Opposition gegen Hitler zusammenzuführen.

Dieses Engagement und die schwierigen Lebensumstände unterminierten die schriftstellerische Produktivität von Anna Seghers nicht. Bereits im ersten Exiljahr erschien *Der Kopflohn*, ein Roman, dessen Niederschrift sie im Jahr zuvor begonnen hatte. Er spielt im bäuerlichen Milieu, versucht, die ökonomischen, aber auch die politischen und sozialpsychologischen Bedingungen für den Aufstieg des Nationalsozialismus zur Massenbewegung zu ergründen, und demonstriert, daß Anna Seghers die allgemeine Fehleinschätzung des Nationalsozialismus, er sei nur ein politisches Schreckgespenst ohne Rückhalt im Volk, nicht teilte. Im März 1934, nach dem Scheitern des Arbeiteraufstandes gegen das Dollfuß-Regime, reiste sie nach Österreich, recherchierte über den Verlauf der Kämpfe wie der gerichtlichen Aburteilung von Teilnehmern am Aufstand nach dessen Niederschlagung und verschaffte sich einen unmittelbaren Eindruck von Menschen und Landschaft. Die Ergebnisse der Reise verarbeitete sie in zwei literarischen Texten. Im Juli 1934 publizierte sie in den *Neuen deutschen Blättern* die Erzählung *Der letzte Weg des Koloman Wallisch*, eine reportagehafte Zusammenstellung von streng perspektivierten Augenzeugenberichten und Erzählungen, die in einer an Dos Passos erinnernden Darstellungsweise Kampf, Niederlage und Hinrichtung des Sozialdemokraten Wallisch rekonstruieren. 1935 folgte der Roman *Der Weg durch den Februar*, in dem die Flucht Wallischs nur eine Episode neben vielen anderen darstellt. Auch hier bleibt Anna Seghers bei der Dokumentar- und Simultantechnik – das berichtende Ich fungiert nicht als traditioneller Erzähler, sondern nur als Vermittlungsinstanz für Begebenheiten, Ansichten und Erlebnisse von Zeitzeugen –, weitet die Erzählung aber zu einem Querschnitt durch alle politischen Gruppierungen und Schichten des Volkes aus. Am historischen Stoff interessierte sie offenbar, daß hier – anders als in Deutschland – die Arbeiterbewegung sich den Tendenzen zum Faschismus nicht kampflos ergab. In ihrer Darstellung enthalten Verlauf und Ende des Arbeiteraufstands eine politische und eine moralische Lehre: Der Roman sieht das politische Gebot der Stunde darin, daß alle Standpunkte, die in Opposition zum Faschismus stehen, das Trennende überwinden müssen, und er weist eindringlich darauf hin, daß die moralische Selbstachtung der Individuen nur durch den Kampf gegen den Faschismus zu bewahren sei.

Es war Anna Seghers, die Ende 1934 den letzten Anstoß zur Vorbereitung des Internationalen Schriftstellerkongresses zur Verteidigung der Kultur gab (Stephan 1979, S. 136). Ihr Redebeitrag auf diesem Kongreß formulierte den alternativen Patriotismus des ›anderen Deutschland‹ als leidenschaftliches persönliches Bekenntnis:

»Wenn einer unserer Schriftsteller quer durch Deutschland fuhr, etwa von Nordosten nach Südwesten, und er erblickte die grandiose, höllische, schwefelgelbe Leuna-Fabriklandschaft, die Herzpumpe seines Vaterlandes, in der Zehntausende von Arbeitern dem kargen Land eigentümliche Erfindungen verwirklichen, ist er dann stolz auf diesen Anblick? Ist er stolz auf das Nationalgut Leuna? Er ist nicht stolz auf das Nationalgut, doch er ist stolz auf die Arbeitskraft von fünfzigtausend Arbeitern, stolz auf die Erringung dieser vom mitteldeutschen Aufstand durchbluteten Landschaft, stolz auf die Zukunft von Leuna. Fragt erst bei dem gewichtigen Wort ›Vaterlandsliebe‹, was an eurem Land geliebt wird. Trösten die heiligen Güter der Nation die Besitzlosen? ... Tröstet die ›heilige Heimaterde‹ die Landlosen? Doch wer in unseren Fabriken gearbeitet, auf unseren Straßen demonstriert, in unserer Sprache gekämpft hat, der wäre kein Mensch, wenn er sein Land nicht liebte.« (Seghers, Über Kunstwerk und Wirklichkeit I, S. 64 f.)

Für die Kommunistin Anna Seghers stellte der »Vaterlandsbegriff« eine Kategorie menschlichen »Seins« dar (ebd.). Ihrer bekenntnishaften Argumentation ist abzulesen, daß sie mit den Nationalsozialisten um den Nationalstolz konkurrieren wollte, weil sie ihn nicht minder für ein unverzichtbares Bedürfnis und eine mächtige Triebkraft des Menschen hielt. Mit dieser Überzeugung schloß sie sich der Selbstkritik Dimitroffs an, der auf dem VII. Weltkongreß der Komintern 1935 in Brüssel den kommunistischen Parteien vorwarf, sie hätten an ihrer Niederlage gegen die Faschisten selbst mitgewirkt, indem sie es diesen überließen, das Nationalgefühl der Arbeiterschaft zu befriedigen. In diesem antifaschistischen Sinne wollte Anna Seghers den Patriotismus von allen herrschaftslegitimierenden und militanten Inhalten reinigen und ein nationales Wir definieren, in dem die Opfer der ›offiziellen‹ Nation sich psychologisch zusammenschließen und ein Bewußtsein ihrer Kraft entwickeln; etwa so, wie »am Anfang der bürgerlichen Epoche« Patriotismus und historische Fortschrittlichkeit ein und dasselbe gewesen seien (ebd., S. 65). Wenn sie die Solidargemeinschaft der Leidenden und Kämpfenden nicht mit dem Kampfbegriff der Klasse, sondern mit der klassenübergreifenden Kategorie der Nation zu konstituieren suchte, dann beförderte sie nicht nur die Revision des kommunistischen Antinationalismus, die sich in der Kommunistischen Internationale allmählich durchsetzte. Sie hatte zugleich bürgerlichen Schriftstellern, die den Faschismus als nationales Elend Deutschlands – vor allem als Negation der deutschen Kulturnation – auffaßten, die Hand gereicht.

Im Jahr 1937 erschien der Roman *Die Rettung*. Er handelt von der Vorgeschichte des Faschismus, der ökonomischen und sozialen Krise der Jahre nach 1929. Wie zur Ergänzung des Romans *Der Kopflohn*, der die nämliche Problematik im ländlichen Milieu schildert, behandelt *Die Rettung* den Existenzkampf der

Industriearbeiter und vor allem ihr moralisch-psychologisches Leiden an der Verweigerung humaner Entfaltungsmöglichkeiten. Die Erzählung enthält nicht nur spektakuläre Handlungselemente – so die dramatische Rettung verschütteter Bergleute, die bald darauf folgende Entlassung der Geretteten, den Tod einer jungen Frau durch eine verpfuschte Abtreibung, politische Kämpfe mit den Faschisten –, sondern schildert vor allem Bewußtseinsprozesse, die durch diese Erfahrungen ausgelöst werden. Der Grubenarbeiter Bentsch, die zentrale Figur, findet seine eigentliche, die menschliche Rettung schließlich darin, daß er aus der persönlichen und weltanschaulichen Krise heraus sich an die kommunistische Utopie annähert, die ihm eine Perspektive sinnvollen Handelns vermittelt. Zugleich läßt der Roman keinen Zweifel daran, daß diese vorbildhaft gemeinte Entwicklung die einer Minderheit war, und daß sie historisch zu spät kam: Am Ende sind die Faschisten schon an der Macht, und Bentsch kann sich nur noch dem illegalen Widerstand anschließen. Anders als die proletarischen Romane, die in der Weimarer Zeit im Umkreis des Bundes proletarisch-revolutionärer Schriftsteller (BPRS) entstanden, begründet *Die Rettung* die kommunistisch-antifaschistische Haltung des Protagonisten nicht negativ aus der Macht des Kapitals oder der politischen Feinde des Marxismus, sondern positiv: Sie schildert sie als konsequente Entwicklung ethisch-humaner Grundbedürfnisse eines Individuums. Manche Interpreten haben darin eine Nähe von Seghers' Auffassungen zu Ernst Blochs Buch *Erbschaft dieser Zeit* erblickt, das 1935 im Exil erschien (Roos 1977, S. 66 f.).

Eindeutig auf Seiten Blochs stand Anna Seghers in der Expressionismus- bzw. Realismus-Debatte, die 1937 und 1938 in verschiedenen Exilzeitschriften um die »literaturtheoretische Standortbestimmung der Emigration« (Rotermund 1984, S. 216) geführt wurde. Die Streitfrage, von Georg Lukács und anderen aufgeworfen, war eine doppelte. Mit Verweis auf den Expressionismus stellte Lukács in Abrede, daß die avantgardistischen Kunstformen der Moderne in der Lage seien, die Wahrheit der Wirklichkeit ästhetisch zur Darstellung zu bringen; und die »abstrakte ›Antibürgerlichkeit‹« des Expressionismus zählte Lukács nicht zu den Sichtweisen, die einen Einspruch gegen den Faschismus ermöglichten, sondern er reihte sie in die Tendenzen ein, die den Nationalsozialismus befördert haben. In beiden Punkten widersprach ihm Bloch energisch: Lukács verkenne, daß in einer Gesellschaft, die eine einheitliche Totalitätssicht nicht mehr zulasse, eben die künstlerischen Avantgardismen die adäquate Wirklichkeitserfahrung formulierten; zum zweiten aber macht Bloch in den künstlerischen Wahrnehmungsweisen, die Lukács in die Vorgeschichte des Faschismus einordnet, eine utopische, ja revolutionäre Produktivität aus. Anna Seghers beteiligte sich ebensowenig am öffentlichen Streit wie Bertolt Brecht, wohl deshalb, weil sie die Polarisierung, zu der er führte, nicht verstärken wollte. Statt dessen setzte sie sich brieflich mit Georg Lukács auseinander. Analog zu Blochs Argumentation rechtfertigte sie die Stilbrüche und Experimente moderner Kunst mit der Krisensituation, von der sie Zeugnis ablegen, und beharrte auf der aufklärenden und mobilisierenden Wirksamkeit der avantgardistischen Formensprache. Bezeichnend für die Schriftstellerin Anna Seghers ist freilich, *wie* sie ihre Auffassungen vortrug. Ihre Überlegungen gehen nicht, wie diejenigen der Philosophen Lukács und Bloch, von einer Kunsttheorie aus, sondern von ihrer eigenen Erfahrung mit dem Vorgang des Schreibens: Alle künstlerische Durchdringung der Wirklichkeit beruhe auf einer »primären Reaktion auf die Wirklichkeit«, einem unmittelbaren Betroffensein der künstlerischen Subjektivität durch die Realitätserfahrung; die abstrahierende Reflexion, die durch solche Betroffenheit provoziert werde, führe erst dadurch zu künstlerischer Gestaltung, daß die Abstraktion des gedanklichen Aufdeckens von Zusammenhängen wieder in eine unmittelbare Sicht der Wirklichkeit zurückgenommen werde (Seghers, Über Kunstwerk und Wirklichkeit I, S. 175).

Diese Abgrenzung vom doktrinären Realismusbegriff aus künstlerischem Temperament wie aus dem Willen, zu wirken, blieb keine bloße Absichtserklärung. Schon in den ersten Texten des Exils wollte Anna Seghers auf Montage und Simultandarstellung – zwei der Darstellungstechniken, die Lukács inkriminierte – nicht verzichten. Ihr Begriff einer realistischen Schreibweise schloß auch die Möglichkeit ein, Gegenwartserfahrung durch das freie Spiel der Phantasie zu verarbeiten. Das zeigen die Märchen und mythologischen Erzählungen, die sie in den folgenden Jahren niederschrieb. 1936 verfaßte sie die Erzählungen der Sammlung *Die schönsten Sagen vom Räuber Woynok*, 1937 die *Sagen von Artemis*, 1940 die phantastischen Anekdoten *Die drei Bäume*.

Im Frühjahr 1939 schloß sie die wahrscheinlich 1937 begonnene Arbeit am Roman *Das siebte Kreuz* ab und bemühte sich um dessen Veröffentlichung. Bevor sie einen Verleger finden konnte, marschierten die deutschen Truppen in Frankreich ein. Als sie im Mai 1940 Paris erreichten, begannen für Anna Seghers die Wirren erneuter Flucht. Einen Versuch, sich mit ihren Kindern – ihr Mann war im Internierungslager Vernet inhaftiert – nach Süden abzusetzen, brach sie ab und lebte, von der Gestapo gesucht, mehrere Wochen im besetzten Paris. Schließlich gelang es ihr, sich ins unbesetzte Frankreich durchzuschlagen. Mehrere Monate lang brachte sie in Marseille mit dem Versuch zu, Ausreisepapiere zu beschaffen. Ende März 1941 konnte sie sich einschiffen und gelangte nach Zwischenaufenthalten und einer Internierung durch die US-Einwanderungsbehörden auf der Insel Ellis Island vor New York nach Mexico. Die Erfahrungen der Flucht durch Frankreich lieferten die stoffliche Grundlage für den Roman *Transit* (1943 vollendet) und die Novelle *Das Obdach* (1941). Neben Feuchtwangers *Exil* (1940) und Klaus Manns *Vulkan* (1939) zählt *Transit* zu den eindringlichsten Darstellungen des Exils. Der Roman nimmt das chaotische Leben der Flüchtlinge zum Vorwurf für eine komplexe Darstellung von Problemen der persönlichen Identität und Selbstbehauptung, der Kunst und des politischen Widerstandes. Hans-Albert Walter konnte zeigen, daß der realistischen Erzählebene eine mythologische Substruktur zugrunde liegt.

Mexico City blieb die letzte Station ihrer Flucht. Sie gesellte sich dort zu der kleinen Kolonie kommunistisch orientierter Exilanten, der Bruno Frei, Egon Erwin Kisch und Bodo Uhse angehörten. Während in nordamerikanischen Exilantenvereinigungen wie der German American Writers Association die verschiedenen politischen Positionen sich wechselseitig blockierten, ermöglichte die relative Homogenität der Mexikanischen Gruppe Aktivitäten von überregionaler Bedeutung: Der 1942 gegründete Verlag El libro libre brachte Egon Erwin Kischs *Marktplatz der Sensationen*, die erste deutschsprachige Ausgabe des *Siebten Kreuzes* und Heinrich Manns Roman *Lidice* heraus. Die Konfrontation mit Mittelamerika und der Karibik regte Anna Seghers an, sich mit der Geschichte dieser Länder zu befassen. Aus Anschauung und Studium entstanden nach der Rückkehr aus dem Exil u. a. die *Karibischen Geschichten* (1948, 1962) und *Das wirkliche Blau* (1967). Die 1943 in Mexico verfaßte Erzählung *Der Ausflug der toten Mädchen* gilt allgemein als das bedeutendste literarische Werk von Anna Seghers. Der Text verknüpft mexikanische Motive mit autobiographischen Erinnerungen an ihre Jugend in Mainz und entwirft aus einer fast schon intimen Traumvision heraus ein eindringliches Bild vom Schicksal ihrer Generation in Deutschland. Diese Rückwendung zur eigenen Biographie, die in Anna Seghers' Werk singulär ist, hatte einen biographischen Anlaß: Sie hatte erfahren, daß ihre Heimatstadt Mainz durch Bomben zerstört und ihre Mutter deportiert und im KZ ermordet worden war. Die Erschütterung darüber aktualisierte auch ihr Bewußtsein von ihrer jüdischen Herkunft. In der Erzählung *Post ins gelobte Land* (1945) schildert sie das Schicksal einer jüdischen Familie vom Ende des 19. Jahrhunderts bis 1942.

Im April 1947 kehrte Anna Seghers aus dem Exil nach Deutschland zurück und ließ sich im Ostteil Berlins nieder. Die Chancen, daß ihr Exilwerk in ganz Deutschland rezipiert würde, standen für sie zunächst besser als für die meisten anderen Exilschriftsteller. Unmittelbar nach ihrer Rückkehr verlieh ihr die Stadt Darmstadt den neugeschaffenen Büchnerpreis, 1947 erschien *Das siebte Kreuz* in einem Münchner Verlag, 1948 folgte der Roman *Transit* in einem Konstanzer Verlag, und der erste nach der Rückkehr vollendete Roman *Die Toten bleiben jung* wurde 1949 simultan in Ostberlin und Frankfurt/Main herausgebracht. Vor allem das *Siebte Kreuz* wurde im Westen mit Zustimmung aufgenommen (Degemann 1985, S. 100 ff.). Der beginnende Kalte Krieg beendete diese ungeteilte Aufmerksamkeit. Anna Seghers avancierte zur kulturellen Repräsentantin der DDR, und die freiheitliche Öffentlichkeit der Bundesrepublik hielt es anderthalb Jahrzehnte lang für angemessen, daß nicht eine der Erzählungen aus der Exilzeit der Schriftstellerin im Buchhandelssortiment greifbar war (Buthge 1982, S. 220 ff.).

1.4 Das siebte Kreuz

1.4.1 Die Entstehung

Nachdem Anna Seghers in *Der Kopflohn* und *Die Rettung* sich mit der Vorgeschichte des »Dritten Reichs«, mit den Voraussetzungen des Faschismus und dem Beitrag seiner Gegner zu seinem Erfolg befaßt hatte, scheint es naheliegend, daß sie nunmehr die Darstellung deutscher Wirklichkeit unter dem gefestigten Kommando der Nationalsozialisten angeht. Sie partizipiert damit an einer generellen Entwicklung der Exilliteratur. In den ersten Jahren nach dem Beginn der faschistischen Herrschaft erschienen zunächst Zeitstücke bzw. Zeitromane, die den Gründen für den Erfolg der NS-Bewegung wie für die relative Hilflosigkeit ihrer Gegner und Opfer nachgehen; so Ferdinand Bruckners Drama *Die Rassen* (1933), Friedrich Wolfs Drama *Professor Mamlock* (1934) und Lion Feuchtwangers Roman *Die Geschwister Oppenheim* (1933; später *Die Geschwister Oppermann*). Nach allzu hoffnungsvollen Darstellungen des Widerstands in Deutschland wie in Willy Bredels Romanen *Die Prüfung* (1935) und *Dein unbekannter Bruder* (1937) setzt eine zweite Phase kritischer Auseinandersetzung mit dem »Dritten Reich« ein. Sie ist gekennzeichnet durch das Bestreben, »zu einer umfassenden Darstellung des NS-Regimes durchzudringen« (Rotermund 1984, S. 236). Neben Arnold Zweigs später Meisterleistung *Das Beil von Wandsbek* (entstanden 1940-1943) gilt *Das siebte Kreuz* als die bedeutendste Leistung auf diesem Feld.

Über die Entstehungsgeschichte des *Siebten Kreuzes* gibt es wenig gesichertes Wissen, und manches von dem, was in der Forschungsliteratur darüber berichtet wird, ist Legende, an deren Zustandekommen auch die Autorin – wohl unwillentlich – selbst mitgewirkt hat. Von dieser Legende hat Alexander Stephan das unterschieden, was als gesicherte Nachricht gelten kann (Stephan 1985 b).

Stephan zufolge beschäftigt sich Anna Seghers schon sehr früh mit der Thematik von Verfolgung, Widerstand und KZ. In einer Broschüre mit dem Titel *Mord im Lager Hohenstein. Berichte aus dem Dritten Reich*, die im Juni 1933 in Moskau erschien, finden sich zwei Texte, die mit hoher Wahrscheinlichkeit Anna Seghers zuzuschreiben sind: die Titelgeschichte *Mord im Lager Hohenstein* und *Das Vaterunser*. Die Geschichten beruhen auf authentischem Material, und die erste Erzählung berichtet nicht nur vom Leiden und Sterben eines Häftlings, sondern gibt auch schon eine moralisch-psychologische Innensicht der Täter. Land und Leute zwischen Rheinhessen und Taunus, dem Schauplatz des Romans, waren Anna Seghers aus ihrer Jugend in Mainz wohl vertraut. Wie es ihr gelang, sich einen derart zutreffenden Eindruck von der aktuellen Geistes- und Gemütsverfassung in Deutschland um 1936 zu verschaffen, darüber gibt es nur vage Aussagen der Autorin, die berichtet, sie habe jede Gelegenheit benutzt, mit erst kürzlich Geflohenen zu sprechen, und außerdem habe eine zeitlang noch ein wechselseitiger Austausch zwischen Paris und Mainz bestanden (ebd., S. 15). Allerdings ist die Realitätstreue der Schilderungen aus dem Inneren und dem Umfeld des KZs Osthofen (im Roman: Westhofen) anders nur schwer zu erklären (vgl. Grünewald 1983, S. 490-505). Auch das symbolträchtige Motiv des siebten Kreuzes geht nach Anna Seghers auf eine tatsächliche Begebenheit zurück, die aber nirgendwo sonst verbürgt ist. Für die Geschichte der Flucht aus dem KZ konnte sie auf mehrere gedruckte Fluchtberichte zurückgreifen, so auf das Buch des Kommunisten Hans Beimler *Im Mörderlager Dachau* (1933) und dasjenige des ehemaligen SPD-Reichstagsabgeordneten Gerhart Seger mit dem Titel *Oranienburg. Erster authentischer Bericht eines aus dem Konzentrationslager Geflüchteten* (1934). Mit der Niederschrift des Romans begann sie wahrscheinlich 1937; die erste zuverlässige Nachricht, daß sie daran arbeitete, stammt vom September 1938. Im März/April 1939 wurde er abgeschlossen.

1.4.2 Die Verbreitung: Publikationsgeschichte, Übersetzungen, Film

Im Juni 1939 begann die in Moskau erscheinende Exilzeitschrift *Internationale Literatur*, das *Siebte Kreuz* in Fortsetzungen abzudrucken. Im September 1939 wurde, nachdem die beiden ersten Kapitel erschienen waren, der Abdruck, ebenso wie derjenige von Feuchtwangers Roman *Exil*, abgebrochen, offenbar aus außenpolitisch motiviertem Wohlverhalten sowjetischer Stellen gegenüber Nazi-Deutschland nach dem Nichtangriffspakt vom August 1939. Daraufhin bot Anna Seghers das Buch dem Querido Verlag in Amsterdam zur Veröffentlichung an; Querido zählte bis 1940 zu den bedeutendsten Exilverlagen und hatte bereits die Romane *Der Kopflohn* und *Die Rettung* verlegt. Der Verlag, dessen verantwortliche Leiter sich im Herbst 1939 in New York aufhielten, akzeptierte das Buch, konnte seine Autorin aber nicht mehr davon unterrichten. Die Drucklegung durch Querido erfolgte erst 1946, nachdem die deutschen Truppen wieder aus den Niederlanden vertrieben waren. Ende 1939 begann Anna Seghers, sich mit Hilfe befreundeter Exilanten um eine amerikanische Ausgabe des Romans zu bemühen. 1942 erschien der Roman in englischer Sprache und leicht gekürzt unter dem Titel *The Seventh Cross* im Bostoner Verlag Little, Brown and Company. Er »wird beinahe über Nacht zu einem der größten Bucherfolge der Exilliteratur. Es folgen im Herbst desselben Jahres eine Ausgabe des Book-of-the-Month Clubs, Nachdrucke in Zeitschriften sowie eine illustrierte Kurzfassung, die vom King Features Syndicate an zahlreiche Zeitungen verkauft wird« (Stephan 1985 b, S. 18); hinzu kam eine nichtkommerzielle Ausgabe, die an amerikanische Soldaten in Europa verteilt wurde (Stephan 1988, S. 223).

Die erste deutsche Fassung des *Siebten Kreuzes* wurde im Januar 1943 vom Exilverlag El libro libre in Mexico City herausgebracht. Der Publikumserfolg des Romans setzte sich mit dieser Ausgabe fort; innerhalb von vierzehn Tagen sollen 2000 Exemplare des Buchs verkauft worden sein (Stephan 1985 b, S. 18). Im selben Jahr wurde die englische Version in England und Kanada publiziert, außerdem erschienen Übersetzungen in spanischer, portugiesischer und schwedischer Sprache. Niederländische, dänische, norwegische, russische und französische Übersetzungen folgten noch während des Krieges.

Im Jahr 1946 veröffentlichte der Aufbau-Verlag in Berlin die erste Nachkriegsausgabe des Exilromans. Weitere Ausgaben in der DDR folgten. Auch im Westen war das Interesse am *Siebten Kreuz* zunächst groß: auf die deutschsprachige Ausgabe von Querido in Amsterdam 1946 folgte 1947 eine Ausgabe in München; 1948 wurde der Roman in die wohlfeile Reihe »Rowohlts Rotations Romane« aufgenommen, und eine Ausgabe der Büchergilde Gutenberg von 1949 konnte auch in Österreich und der Schweiz bezogen werden. Danach entstand westlich des Eisernen Vorhangs eine lange Rezeptionspause. Erst 1962 entschloß sich der Luchterhand-Verlag zu einer Neuauflage, deren Erscheinen heftig umstritten war. Weitere Ausgaben in verschiedenen Verlagen folgten, so daß *Das Siebte Kreuz* als einer der am weitesten verbreiteten und am meisten gelesenen Texte aus dem literarischen Exil betrachtet werden kann.

Der Titelholzschnitt von Leopoldo Méndez für die erste deutschsprachige Buchausgabe von *Das siebte Kreuz*, die in dem mexikanischen Exilverlag El libro libre erschien.

Im September 1944 brachte die US-Filmgesellschaft MGM den Film *The Seventh Cross* in die amerikanischen Kinos. Regie führte Fred Zinnemann, ein gebürtiger Wiener, der später *High Noon* und *A Man for all Seasons* drehte; die Starrolle des Georg Heisler spielte Spencer Tracy, und eine Reihe von nach Hollywood geflüchteten deutschen Schauspielern erhielten Nebenrollen. Den Hollywood-Gesellschaften war Anna Seghers' Roman durch seinen Erfolg auf dem Buchmarkt aufgefallen. Die spannende Fluchtgeschichte mit plastischen Charakteren und einer geradlinigen Handlung versprach einen zugkräftigen Film. Hinzu kam ein seit 1942 wachsender Bedarf nach Anti-Nazi-Filmen. Dennoch spielten ideologische Gesichtspunkte bei der Durchführung des Filmprojekts so gut wie keine Rolle. US-Behörden wie MGM-Manager übersahen einfach die kommunistische Parteizugehörigkeit der Autorin wie des Protagonisten und vieler Hauptfiguren der Geschichte – sie wäre damals ein Grund gewesen, das Projekt fallenzulassen (Stephan 1988, S. 217). Das Drehbuch von Helen Deutsch reduziert die Erzählung auf eine filmisch zu bewältigende Handlung, fügt aber auch sentimentale sowie spannungssteigernde Zusätze – so z. B. eine Verfolgungsjagd durch Mainz – ein. Zugleich bringt es literarische Gestaltungsmittel des Romans wie den inneren Monolog, die erlebte Rede und die Symbolik in den Film ein. Aufs Ganze gesehen, entschärft der Film die politisch-zeitgeschichtliche Aktualität des Romans zugunsten einer menschlich-zeitlosen Perspektive, die in der Erzählung durch den Schäfer Ernst präsent ist. Dennoch enthält er eine politische Tendenz, die Anna Seghers' Wirkungsabsicht durchaus gemäß war: Es ist die Aussage, »that there is still some good – and some good Germans in Germany« (am. Filmrezension, zit. nach Stephan, ebd., S. 219). Gegen Morgenthau, Vansittart und die Kollektivschuldthese an der Unterscheidung zwischen Deutschland und dem Nationalsozialismus festzuhalten, zählt zu den Intentionen nicht nur des Romans, sondern auch vieler anderer Stellungnahmen von Anna Seghers aus jener Zeit.

Der Film *The Seventh Cross* wurde in den folgenden Jahren weltweit – in diversen Synchronisationen – vorgeführt. Sendungen des Films im ZDF (1972 und 1986) wie in der ARD (1986) blieben ohne Resonanz.

2 Wort- und Sachkommentar

Die Seiten- und Zeilenangaben der Erläuterungen beziehen sich auf folgende Ausgabe des Romans: Anna Seghers, Das siebte Kreuz. Frankfurt/Main: Luchterhand Literaturverlag 1988 (= Sammlung Luchterhand 108).

11 /11 *Seeligenstadt:* gemeint ist Seligenstadt, eine Kleinstadt zwischen Hanau und Aschaffenburg. /15 *auf das rote Hamburg marschiert:* Am 4. November 1914 stürmten aufständische Matrosen die Stadt Kiel und bildeten mit den Werftarbeitern den revolutionären Arbeiter- und Soldatenrat; über Hamburg breitete sich die Welle von Gründungen solcher Räte in ganz Deutschland aus. Zu deren Unterdrückung bot die Reichsregierung Freikorps auf, d. h. Verbände aus Freiwilligen, die aus antisozialistischer und antirepublikanischer Überzeugung kämpften. *Major Lettow-Vorbeck:* hoher Offizier der Wilhelminischen Kolonialtruppen, nach Kriegsende Freikorps-Führer.

12 /16 *SA:* »Sturmabteilung«; paramilitärische Kampftruppe der NSDAP, die in der »Kampfzeit« vor 1933 vom »Saalschutz« eigener Versammlungen über die Sprengung von mißliebigen Veranstaltungen, Theateraufführungen etc. und Straßenschlachten bis zum politischen Mord die organisierte Gewalt der NSDAP ausübte. Nach der »Machtergreifung« erhielt die SA alle Befugnisse zur Verfolgung und Ausschaltung von »Volksfeinden«. Das Instrument zur militanten Durchsetzung des Faschismus verlor seine Funktion in dem Maß, in dem der NS zur Staatsmacht wurde, d. h. die Aufgaben der SA an Polizei und die Geheime Staatspolizei (Gestapo) übergingen; hinzu kam ein Konkurrenzverhältnis zur SS. Als der SA-Chef Ernst Röhm die Vereinigung von SA und Wehrmacht zu einer nationalen Miliz betrieb, kam es zu erheblichen Spannungen zwischen Röhm und der Reichswehrführung. Hitler schürte diese Spannungen eine Weile, entschied sich dann aber für die professionellen Militärs, an deren Loyalität kein Zweifel war. Um die SA-Führung zu beseitigen – und im Gefolge eine ganze Reihe mißliebiger Politiker aus dem nationalkonservativen Lager –, fingierten Hitler und seine Gefolgsleute einen Putschversuch der SA, den sog. Röhm-Putsch; im Juni/Juli 1934 wurde die oberste Führung der SA liquidiert, die Organisation zur Bedeutungslosigkeit herabgestuft.

14 /2 *nach all den Jahren der Arbeitslosigkeit:* In der Weltwirtschaftskrise 1929 ff. stieg die Zahl der Arbeitslosen von 1928 ca. 1,5 Mio auf über 6 Mio (1932/33). Das materielle Elend bildete einen sozialen Nährboden für die faschistische Bewegung. 1937, in der Gegenwart der Erzählung, wurden erstmals weniger als 1 Mio Erwerbslose gezählt; die zunehmende Beschäftigung ging auf einen allgemeinen Konjunkturaufschwung zurück, aber auch auf die nationalsozialistische Industriepolitik, die auf die ökonomische und technische Kriegsfähigkeit Deutschlands zielte, und auf Arbeitsbeschaffungsmaßnahmen. /5 *Arbeitslager.* Die wichtigste Arbeitsbeschaffungsmaßnahme des NS-Staats war der Reichsarbeitsdienst. Er übernahm die freiwilligen Arbeitslager, die in den letzten Jahren der Weimarer Republik – oft unter Trägerschaft kirchlicher Organisationen – entstanden waren, in nationalsozialistische Regie und baute sie aus. Im Juni 1935 wurde eine allgemeine Arbeitsdienstpflicht für junge Männer und Frauen eingeführt; für Studenten galt sie schon vorher. Die zum Arbeitsdienst Eingezogenen wurden oftmals in Lagern kaserniert und zu den verschiedensten Arbeiten (Bauvorhaben, Ernte etc.) herangezogen. Mit der allgemeinen Dienstverpflichtung verlor der Arbeits-

dienst endgültig seinen sozialen Anstrich und wurde seiner politisch-ökonomischen Bedeutung gemäß gehandhabt: Durch Gesetz wurde ein Teil der nationalen Arbeit aus der gesellschaftlichen Normalform des Arbeitsverhältnisses – Arbeit gegen Lohn – gelöst; diese Arbeit wurde durch die bloße physische Erhaltung der Arbeitskräfte (Verpflegung und Unterkunft) ›entgolten‹ und war durch politische Anordnung an jedem Ort zu jeder gewünschten Leistung zu bewegen. /22 *Höchst:* Industrieort westlich von Frankfurt, eine der Produktionsstätten der IG Farben, des nationalen Konzerns aller bedeutenden Chemieunternehmen. Die heutige Hoechst AG entstand nach dem Krieg aus der Entflechtung dieses Konzerns.

15 /23 *Limes:* befestigte Grenze des römischen Reiches, errichtet und ausgebaut vom 1. bis zum 3. Jahrhundert n. Chr. Der Abschnitt des Limes, von dem hier die Rede ist, beginnt nördlich von Koblenz am Rhein und zieht sich über die Taunushöhen nach Westen zur Wetterau. /28 *die Stadt dort unten:* Mainz, seit der Augusteischen Zeit bis zur Mitte des 5. Jahrhunderts eine bedeutende römische Garnisonsstadt und Hauptstadt der römischen Provinz Germania prima, führt im Stadtwappen nicht das römische Feldzeichen (»Adler«) und nicht das Kreuz des Christentums, das die Römer hierhin brachten, sondern das keltische Sonnenrad. Der lateinische Name Moguntiacum deutet auf eine Kultstätte des keltischen Gottes Mogon oder Mogontius hin. /32 *Astarte:* Fruchtbarkeits- und Kriegsgöttin aus dem Raum Syrien-Palästina. *Isis:* ägyptische Göttin, deren Kult über Griechenland nach Rom gelangte. *Mithras:* von allen indo-iranischen Stämmen seit Urzeiten verehrte Gottheit; daß der Mithras-Kult in Mitteleuropa verbreitet war, belegen zahlreiche Kultstätten, z. B. in Heddernheim bei Frankfurt/Main. *Orpheus:* Gestalt aus der griechischen Mythologie; Sänger, dessen Gesang auch Tiere, Steine und Bäume bezauberte.

16 /16 *Frankenheer:* Der Frankenkönig Chlodwig dehnte die Herrschaft der Franken von Norden und Westen her auf das Gebiet der Alamannen zwischen Main und Bodensee aus (endgültiger Sieg über die Alamannen um 496). /18 *der Mönch:* gemeint ist Bonifatius, der von 754 an Erzbischof von Mainz war; er machte die Stadt zum kirchlichen Zentrum Deutschlands. Die Bewegung nach Nordosten, die der Ritt des Mönchs vollzieht, beschreibt die geographische Richtung der Christianisierung, die Bonifatius betrieb, und erinnert an seine Erweiterung des Bistums Mainz um die Bistümer Büraburg (Hessen) und Erfurt (Thüringen). Die Erzählung interpretiert diese Vorgänge nicht als religiöse bzw. kirchenpolitische Taten, sondern als gewaltlose Ausbreitung von Humanität und kulturellem Fortschritt; daher die Stilisierung von Bonifatius zum mittellosen Mönch.

17 /1 *Kaiserwahlen:* In der Zeit des Wahlkaisertums fanden in Mainz mehrere Kaiserwahlen statt. Seit dem 13. Jahrhundert trat der Mainzer Bischof, einer der drei geistlichen Kurfürsten des Reiches, an die Spitze des Kurfürstenkollegs. /12 *Jakobiner:* Nach der Kriegserklärung des revolutionären Frankreich an Österreich im April 1792 besetzten französische Truppen die linksrheinischen Gebiete. Zugleich gründeten Anhänger der Revolution in Mainz die »Gesellschaft der Freunde von Freiheit und Gleichheit«, die in der Stadt und den ländlichen Gebieten zwischen Koblenz und Landau für die bürgerliche Revolution eintrat; prominentestes Mitglied war Georg Forster. Daraus entwikkelte sich in wenigen Monaten der »Rheinisch-deutsche Nationalkonvent«, der am 17. März die erste Republik auf deutschem Boden ausrief. Der Nationalkonvent mußte sich unter dem Druck der deutschen Fürsten schon am 31. März wieder auflösen; die Truppen der Koalition eroberten Mainz und begannen eine grausame Verfolgung der Republikaner. /15 *die Letzten der großen Armee:* Der Rußland-Feldzug Napoleons

1812/13 endete mit einer Katastrophe für die »Große Armee«; von ca. 600 000 Soldaten, mit denen Napoleon aufgebrochen war, sollen etwa 1000 zurückgekehrt sein. Die Erzählung verlegt ihren Rückzug über den Rhein nach Mainz. / 17 *Trikoloren:* Trikolore, die Fahne des revolutionären Frankreich. /20 *die Jahre 33 und 48:* In den Jahren 1830-33 kam es in zahlreichen Städten des europäischen Kontinents zu revolutionären Aufständen; die demokratische Opposition gegen die Restauration wurde stärker (Hambacher Fest 1832). 1833 fand zwar nicht in Mainz, wohl aber im benachbarten Frankfurt eine Erhebung statt (Sturm auf die Hauptwache). 1848 griffen die französischen Märzunruhen auf ganz Deutschland über; die Märzrevolution erschütterte die großen Staaten Preußen und Österreich. Im Mai wurde die Verfassunggebende Nationalversammlung in Frankfurt, das erste deutsche Parlament, eröffnet. /23 *Grenzpfähle:* Nach dem Krieg Preußens gegen Österreich und seine deutschen Verbündeten 1866 annektierte Preußen alle gegnerischen Staaten nördlich der Mainlinie außer Sachsen und Hessen-Darmstadt. /29 *Schlacht von Verdun:* eine der Entscheidungsschlachten des 1. Weltkriegs (Februar bis Dezember 1916); Symbol für einen bisher ungekannten Aufwand an Material und Opfern auf der feindlichen wie der eigenen Seite (»Hölle von Verdun«).

18 /3 *die Fahnen der interalliierten Kommission:* Der Waffenstillstand vom 11. November 1918, der den 1. Weltkrieg beendete, sah vor, daß die deutschen Truppen sich nicht nur aus den besetzten Westgebieten, sondern auch aus den linksrheinischen deutschen Gebieten zurückzuziehen hatten. Im Versailler Vertrag (Juni 1919) wurden die linksrheinischen Gebiete in drei Besatzungszonen aufgeteilt, die nach 5, 10 und 15 Jahren geräumt werden sollten. Mainz war bis 1930 französisch besetzt und Sitz der Interalliierten Kommission der Besatzungsmächte. /22 *Selterwasserhäuschen:* Kiosk; Selterswasser: ein Mineralwasser aus dem Taunusort Selters.

19 /30 *30. Juni:* Der 30. Juni 1934 ist das Datum des »Röhmputschs«, der letzten größeren inneren Erschütterung des »Dritten Reichs« (vgl. Erläuterung zu S. 12/16).

20 /2 *SS:* »Schutzstaffel«; ursprünglich eine der SA untergeordnete Formation von ns. Elitekämpfern, war sie 1934 entscheidend an der Liquidierung der SA-Führung beteiligt. Unter der Leitung Himmlers übernahm sie die Einrichtung und Leitung der KZs und die Überwachung der Partei, des Staatsapparats und zunehmend aller wichtigen Lebensbereiche (SD unter Heydrich; 1936 Ernennung des »Reichsführers SS« zum Chef der deutschen Polizei). Während des Krieges führte sie die Massenexekutionen im Osten durch und betrieb die systematische Massenvernichtung der Juden (Leitung A. Eichmann). Die SS war der Hauptträger des ns. Terrors (vgl. Erläuterung zu S. 442).

23 /24 *KZ:* Die ersten KZs wurden von der SA 1933 nach dem Reichstagsbrand am 28. 2. zur Internierung politischer Gegner – vor allem Kommunisten und Sozialdemokraten – errichtet. Bald kamen zu den politischen Gefangenen Personen aus allen gesellschaftlichen Bereichen, die dem NS verdächtig oder mißliebig waren: Juden, Homosexuelle, auffällig gewordene Christen, Bibelforscher, Sinti und Roma, für asozial Deklarierte jeglicher Herkunft. 1934 wurden die KZs der SS unterstellt. Sie baute die Lager in Zahl und Größe aus und organisierte die rücksichtslose Benutzung der Internierten zu Zwangsarbeit, medizinischen Menschenversuchen usw. Von 1941 an wurden die Vernichtungslager eingerichtet, die die industrielle Massenvernichtung von 6 Millionen Juden durchführten. *Westhofen:* Der Name verweist eindeutig auf das KZ Osthofen bei Worms, das in den ersten Märztagen 1933 errichtet wurde. Es zählte zu den Internierungslagern der ersten Stunde.

34 /11: *Sudelarbeit:* schlampige Arbeit.

37 /7 *daß uns die Sonne nicht noch was versticht:* daß nicht zuviel Sonne die Qualität der Trauben beeinträchtigt; ›verstechen‹ = eine unharmonische Geschmacksnuance hineinbringen. /9 *das fehlende Stichelchen:* das kleine Quantum Sonnenschein, das den Trauben zur vollen Entfaltung noch fehlt.

47 /17 *Arbeitsfront:* »Deutsche Arbeitsfront«; gegründet am 10. Mai 1933 nach der Zerschlagung der Gewerkschaften. Im Laufe der folgenden Monate wurden in der Arbeitsfront alle Berufsorganisationen von Arbeitern und Angestellten gleichgeschaltet; die einzelnen Unternehmen wurden nahezu ausnahmslos freiwillige Mitglieder der Arbeitsfront. Die Arbeitsfront monopolisierte die Regelungskompetenz in allen Fragen von Entlohnung, Arbeitsbedingungen, Entlassungen, betrieblichen und überbetrieblichen Konflikten. Damit war nicht nur die Tarifautonomie, sondern auch der Zustand beseitigt, daß Lohnabhängige über Rechte verfügen, die sie gegen mächtige politische oder ökonomische Interessen einklagen können. Tarifauseinandersetzungen wurden durch einen politisch dekretierten Arbeitsfrieden ersetzt; an die Stelle der früheren Rechtsverhältnisse traten die Prinzipien von »Führer« und »Gefolgschaft«, die eine Fürsorgepflicht für die arbeitenden Untertanen einschlossen. Diese Fürsorge zielte auf eine geregelte Armut der Arbeitenden, die ihre dauerhafte Einsatzfähigkeit nicht gefährdete. In diesem Sinn wurden Hungerlöhne ebenso unterbunden wie Lohnsteigerungen mit einem Umverteilungseffekt zugunsten der Arbeitenden. /24 *Wiligis:* Willigis, 975-1011 Erzbischof von Mainz, begann mit dem Bau des Doms; bedeutender Gelehrter, von der katholischen Kirche heiliggesprochen.

48 /18 *geuzt:* Part. Perf. von ›uzen‹ = necken, an der Nase herumführen. /33 *Darré-Schule:* Richard Walter Darré, nationalsozialistischer Politiker; 1933 Reichsleiter des Rassen- und Siedlungsamtes der SS und Reichsminister für Ernährung und Landwirtschaft, 1934 Reichsbauernführer. Seinen Schriften entnahmen die Nazis das Schlagwort von »Blut und Boden« (»Neuadel aus Blut und Boden«, 1930).

49 /21 *Darré-*[...]*Bilder:* s. Erläuterungen zu S. 48/33.

51 /25 *Hitlerjugend:* In der Weimarer Zeit war sie die Jugendorganisation der NSDAP. Nach der gewaltsamen Besetzung der Geschäftsstelle des Reichsausschusses der deutschen Jugendverbände in Berlin durch die HJ wurden alle Jugendorganisationen – bündische Jugend, kirchliche Jugendverbände, Jugendorganisationen der Parteien – in der Hitlerjugend gleichgeschaltet. Durch Gesetz vom 1. Dezember 1936 wurde die Parteijugend zur Staatsjugend, d. h. zur Pflichtorganisation aller deutschen Jugendlichen; ihr Führer Baldur von Schirach wurde zum »Jugendführer des deutschen Reiches« bestellt. Die HJ war nach Geschlechts- und Altersgruppen gegliedert. Sie übernahm Stil- und Formelemente der bündischen Jugendbewegung (Naturverbundenheit, Musik und Laienspiel, romantisierender Mythos von Führer und Volk) und funktionierte sie, soweit nötig, im nationalsozialistischen Sinne um; die Disziplinierung durch die hierarchisierte Gruppe, ideologische Einschwörung auf den Führer (B. v. Schirach schrieb zahlreiche Führer-Hymnen für das Liedgut der HJ) und die planmäßige Förderung körperlicher Leistungsfähigkeit kamen hinzu. Der NS betrachtete die Jugend – wie die Arbeiter, Bauern, Frauen, Schriftsteller usw. – als einen »Stand«, der nicht durch spezifische Gruppeninteressen, sondern durch die Pflichten definiert ist, die ihm der nationalsozialistische Staat auferlegt. Deshalb stand in der Organisation der nationalen Jugend die Erziehung zur Bereitwilligkeit, jegliche künftige Pflicht auf sich zu nehmen, im Vordergrund: die körperliche und ideologische Ertüchtigung im Sinne der ›Volksgemeinschaft‹. Da diese Aufgabenstellung aber eine sehr abstrakte war und zudem, um des Erfolgs willen, ›jugendgemäß‹ bewältigt werden sollte, kam es, daß das tatsächliche

Gruppenleben sich oftmals nur wenig von dem nichtfaschistischer Jugendbünde unterschied.

68 /4 *Räder drücken:* die Fahrräder schieben. /25 *Schlackwurst:* eigentlich Wurstmasse, die in Schlackdarm (d. i. Mastdarm vom Schwein) gefüllt wird; Zervelatwurst, Dauerwurst. *weil die Suppe kurz war:* weil die Suppe knapp war.

83 /19 *Mitra:* dreieckige Bischofsmütze, zusammen mit dem Krummstab Zeichen der Bischofswürde. /24 *Dom:* Mainzer Dom St. Martin und Stephan, Kirche der Erzbischöfe und Erzkanzler des alten Reiches, einer der ältesten romanischen Gewölbebauten. An den Säulen sind Grabdenkmäler der Erzbischöfe des 13.-18. Jahrhunderts aufgestellt.

97 /29 *Gestapo:* Geheime Staatspolizei; sie war sowohl mit den Ermittlungskompetenzen eines Geheimdienstes wie auch mit den exekutiven Befugnissen der politischen Polizei ausgestattet.

125 /18 *Besatzungszeit:* s. Erläuterung zu S. 18/3.

130 /16 *Weißbinder:* Maler, Anstreicher. *uzten:* s. Erläuterung zu S. 48/18.

151 /28 *Beimler, Seeger:* Der Kommunist Hans *Beimler* veröffentlichte 1933 das Buch »Im Mörderlager Dachau«, vom früheren SPD-Reichstagsabgeordneten Gerhart *Seger* erschien 1934 der Fluchtbericht »Oranienburg. Erster authentischer Bericht eines aus dem Konzentrationslager Geflüchteten«. Vgl. Kap. 1.4.1.

154 /34 *Bebel, Liebknecht:* August *Bebel* (1840-1913), Drechslermeister, 1869 Mitbegründer der sozialdemokratischen Arbeiterpartei; Ausweitung und Festigung der Sozialdemokratie fanden unter seiner Leitung statt; Mitverfasser des Erfurter Programms der SPD, Autor mehrerer Bücher, darunter des außerordentlich populären Buchs »Die Frau und der Sozialismus« (1883); Kritiker des Wilhelminischen Nationalismus und Verfechter der internationalen Solidarität des Proletariats. Karl *Liebknecht* (1871-1919), linker Sozialdemokrat, Mitglied der Minderheit, die 1914 und 1915 gegen die Kriegskredite stimmte und 1916 aus der sozialdemokratischen Reichstagsfraktion austrat; nach einer Kundgebung gegen den Krieg 1916 wegen Hochverrats zu zweieinhalb Jahren Gefängnis verurteilt; 1918 mit Rosa Luxemburg Leiter des Spartakus-Bundes, des Kerns der künftigen KPD; Anführer des Januar-Aufstands 1919 in Berlin; zusammen mit Rosa Luxemburg am 15. Januar 1919 von Regierungstruppen erschossen.

155 /1 *Dimitroff:* Georgi Michailowic Dimitroff (1882-1949), bulgarischer sozialdemokratischer und nach dem 1. Weltkrieg kommunistischer Politiker; im deutschen Exil lebend, wurde er 1933 in den Reichstagsbrand verwickelt, aber nach glänzenden, auch im Ausland beachteten Auftritten vor dem NS-Gericht von der Anklage der Brandstiftung freigesprochen; seit 1935 Generalsekretär der Kommunistischen Internationale, Befürworter der Volksfront-Politik; 1946 bulgarischer Ministerpräsident.

167 /18 *Latwergbrot:* Brot bestrichen mit Fruchtmus.

184 /11 *peinliches Unglück:* schmerzhaftes Unglück.

197 /13 *Juchten:* feines, wasserdichtes Leder.

200 /18 *Winterhilfe:* Das »Winterhilfswerk des deutschen Volkes« unterstand der NS-Volkswohlfahrt, dem zentralen Wohlfahrtsverband. Dieser organisierte vom Winter 1933/34 an großangelegte Sammelaktionen, aus deren Erträgen den vielen, die in bitterer Armut lebten, Hilfe zum Überleben des Winters geleistet werden sollte. Die Spenden wurden unter Aufbietung von erheblichem moralischem und manchmal auch physischem Druck eingetrieben (Parteigenossen bzw. Blockwarte schätzten das Einkommen und forderten als Mindestspende zwischen 3 und 20% der jährlichen Lohn- bzw. Einkommensteuer ein; diejenigen, die im erwünschten Umfang gespendet hatten,

erhielten Abzeichen bzw. Türplaketten). Ideologisch mit der Solidarität der Volksgemeinschaft gegenüber ihren schwächsten Gliedern begründet, diente das »Winterhilfswerk« (wie analoge Einrichtungen und die Vielzahl der Sammlungen) dazu, der Staatskasse Ausgaben für Sozialleistungen zu ersparen. Daß die Gelder nicht in der Form einer Steuer, sondern durch eine Sammlung eingetrieben wurden, ermöglichte den lokalen Aufsichtsbehörden eine umfassende Gesinnungskontrolle und verschaffte beflissenen Zeitgenossen die Gelegenheit, sich als überzeugte NS-Anhänger hervorzutun.

227 /27 *Reichsbauernführer:* Leiter der nationalsozialistischen Standesorganisation der Bauern (s. Erläuterungen zu S. 51/25).

251 /20 *Suddelzuber:* Abfall- bzw. Jauchefaß./30 *Interalliierte Kommission:* s. Erläuterung zu S. 18/3.

252 /15 *Boulevard Sebastopol:* Straße in Paris; Erinnerung an den Krimkrieg, in den Frankreich 1854 eingriff. /21 *Okkupationsarmee:* Besatzungsarmee; s. Erläuterung zu S. 18/3.

254 /1 *»Kraft durch Freude«:* staatliche Organisation zur Betreuung der Freizeit; sie richtete populäre Unterhaltungsveranstaltungen aus und organisierte Urlaubsreisen, um – wie der Name treffend zum Ausdruck bringt – das knapp gehaltene, mit Arbeit aber reichlich versehene Volk bei Kraft und Laune zu halten.

263 /11 *Wartburg:* ehemals landgräfliche Burg auf einem Bergfelsen südlich von Eisenach. Luther übersetzte hier 1521-22 das Neue Testament. *Sängerkrieg:* »Sängerkrieg auf der Wartburg«, mittelhochdeutsches Gedicht aus der 2. Hälfte des 13. Jahrhunderts, das viele verschiedene Stoffe miteinander verbindet; titelgebend ist der fingierte Sängerstreit, der u. a. die Minnesänger Walther von der Vogelweide und Wolfram von Eschenbach wiederauferstehen und zum Lob des thüringischen Landgrafen Hermann von Thüringen antreten läßt. Das Motiv des Sängerstreits hat Richard Wagner in seiner Oper »Tannhäuser« (1845) verwendet. /12 *Venusberg:* Berg in Thüringen, von dem die Sage erzählt, daß in seinem Inneren Frau Venus ein Reich des Sinnengenusses regiere; um 1300 wurde diese Sage in einer Volksballade mit dem Minnesänger Tannhäuser in Verbindung gebracht.

264 /8 *Spanier:* gemeint sind die Republikaner im spanischen Bürgerkrieg 1936-1939 (s. Erläuterung zu S. 290/28).

277 /33 *Haus- und Blockwarte:* Die lokalen NS-Behörden ernannten in allen Wohngebieten dort Ansässige zu Aufsichtspersonen, die über die äußere Ordnung und korrekte Gesinnung der dort Wohnenden zu wachen hatten. Vgl. auch Erläuterung zu S. 200/18.

290 /28 *Spanien:* spanischer Bürgerkrieg 1936-39. Nach den Wahlen 1936 mit dem Sieg der Volksfront (Republikaner, Sozialisten, Kommunisten, Syndikalisten) begannen Teile der Armee unter dem Befehl des Generals Franco im Bündnis mit der faschistischen Falange einen antirepublikanischen Bürgerkrieg. Auf der Seite der Republikaner kämpften in den Internationalen Brigaden Antifaschisten aus aller Welt, darunter prominente Schriftsteller und Intellektuelle und Hunderte von deutschen Exilanten. Die Republikaner wurden von Stalin eher halbherzig, die Faschisten nachdrücklich von Italien und Deutschland unterstützt (die Zerstörung des Ortes Guernica durch die deutsche Luftwaffeneinheit Legion Condor gab den Anlaß für das berühmte Bild von Pablo Picasso). Das lange Standhalten der Republikaner gegen die militärisch überlegenen Faschisten nährte lange Zeit die Hoffnung, der europäische Siegeszug des Faschismus könnte in Spanien aufgehalten werden.

295 /1 *Spiel »Niederrad – Westend«:* Lokalderby zwischen Mannschaften aus zwei Frankfurter Stadtteilen.

301 /29 *Volksgerichtshof:* Nachdem der Prozeß über den Reichstagsbrand nicht im Sinn der NS-Führung abgelaufen war (vgl. Erläuterung zu S. 155/1), wurde im April 1933 der Volksgerichtshof als Sondergericht für Hoch- und Landesverrat und andere politische Straftaten eingerichtet. Er war zugleich erste und letzte Instanz und erfüllte vor allem unter R. Freisler (Präsident seit 1942) die Funktion eines Blutgerichts gegen jeglichen Widerstand.

302 /27 *Parteiabzeichen:* Parteiabzeichen der NSDAP. / *EK I:* das Eiserne Kreuz erster Klasse; hohe Kriegsauszeichnung, die nur für heroischen Einsatz verliehen wurde.

305 /31 *Bütte:* Wanne.

316 /7 *Stammbäume und Gesundheitsatteste:* Unter der rassistischen ns. Familiengesetzgebung hatten Heiratswillige den Nachweis zu erbringen, daß sich unter ihren Vorfahren keine Juden befanden (»Ariernachweis«) und daß in ihren Familien keine Erbkrankheiten aufgetreten waren; andernfalls wurde die Erlaubnis zur Eheschließung verweigert. Den Grund hierfür lieferte das rassistische Prinzip der ›Zuchtwahl‹: Die Zeugung von ›rassisch minderwertigem‹ Nachwuchs sollte von vornherein ausgeschlossen und die Herauszüchtung der ›überlegenen‹ Eigenschaften des ›Ariers‹ – die Kombination einer außerordentlich widerstandsfähigen Physis mit bedingungsloser Einsatzbereitschaft – sollte eingeleitet werden. So absurd es der Sache nach ist, solche ›Eigenschaften‹ durch biologische Fortpflanzung züchten zu wollen, so deutlich zeigt dieses Unterfangen, wie weit der Anspruch des Faschismus an sein Menschenmaterial ging: Es sollte sich durch eine quasi biologische Einsatz- und Leidensbereitschaft und einen Gehorsam auszeichnen, der ebenso bedingungslos sein sollte wie eine angeborene Natureigenschaft. Der Rassenwahn, der viele Millionen Menschen – vor allem Juden – das Leben kostete, war allerdings mit Realismus gepaart: Den Gehorsam der ›arischen‹ Volksgenossen überließen die Nazis keineswegs dem ›natürlichen‹ Wirken ihrer Erbmasse, sondern stellten ihn mit Gewalt sicher.

356 /27 *Noske:* Gustav Noske, sozialdemokratischer Politiker; unter seiner Leitung wurde der »Spartakusaufstand« in Berlin am 10./11. Januar 1919 von Freikorps blutig niedergeschlagen; Noske hatte damals die Funktion eines Chefs der Reichswehr inne. Im Gefolge dieser Ereignisse wurden am 15. Januar Rosa Luxemburg und Karl Liebknecht von Freikorps-Soldaten ermordet (vgl. Erläuterungen zu S. 154/34). Für das politische Spektrum links von der SPD wurde Noske zu einer negativen Symbolfigur; er stand für einen Verfechter der gegebenen Ordnung, der, im Gewand des Arbeiterfreundes auftretend, zugleich jederzeit bereit war, für deren Aufrechterhaltung Arbeiter töten zu lassen. *Watter:* Oskar Freiherr von Watter, Reichswehrgeneral; er schlug 1920 im Ruhrgebiet den Generalstreik nieder, der, als Gegenmaßnahme gegen den Kapp-Putsch eingeleitet, über die Niederschlagung des Putsches hinaus fortgeführt wurde. Die Truppen, mit denen er gegen den Aufstand vorging, waren aus regulären Truppen der Reichswehr, aber auch aus Truppen zusammengesetzt, die den Putsch unterstützt hatten. /28 *Lettow-Vorbeck:* s. Erläuterungen zu S. 11/11.

364 /16 *Rauscher:* gärender und daher schäumender Apfelsaft.

375 /10 *süßen Most:* Apfelsaft.

382 /29 *Amerongen in Holland:* Exil Kaiser Wilhelms II. nach der Umwandlung des Kaiserreichs in die Weimarer Republik.

386 /19 *Malachit:* schwärzlich-grünes Mineral, als Schmuckstein verwendet.

423 /33 *Römer:* Hügel, auf dem das Frankfurter Rathaus steht.

441 /25 *Ribbentrop:* Joachim von Ribbentrop, seit 1938 Reichs-Minister des Auswärtigen; er handelte 1939 den deutsch-sowjetischen Nichtangriffspakt (»Hitler-Stalin-Pakt«) aus, der Hitlers Polenfeldzug nach Osten absicherte.

442 /5 *SS-Bräuteschule:* Die SS sah sich als ideologische und zugleich als biologische Elite der NS-Bewegung. Von Kandidaten verlangte sie einen verschärften Abstammungsnachweis (vgl. Erläuterung zu S. 316/7). Ehe und die Zeugung von Kindern von SS-Leuten war nicht deren Privatangelegenheit und ›nur‹ durch gesetzliche Beschränkungen reglementiert, sondern sollte programmatisch dem Ziel dienen, die Substanz der Rasse zu bewahren bzw. deren ›nordisches‹ Element zu stärken. In diesem Sinn wurden für künftige Ehefrauen von SS-Leuten spezielle politisch-weltanschauliche Schulungen eingerichtet. Die kurze Szene im Roman zeigt auch, daß faschistisches Ideal und ns. Wirklichkeit nicht zusammenfielen: Die Aufnahme in einen Kreis, der im selbstlosen Dienst an der Rasse und ihrem Führer aufgehen wollte, stellte einen gesellschaftlichen Aufstieg dar, der durch den Umgang mit Hochgestellten und entsprechende Selbstdarstellung auszukosten war; andererseits aber wurde die Einbildung besonderer persönlicher Vortrefflichkeit dieser Elite keineswegs von allen Zeitgenossen geteilt.

445 /4 *Most:* unvergorener Trauben- oder Fruchtsaft; hier: vergorener Apfelwein.

451 /8 *Kasteler Brückenkopf:* Mitte der Brücke über den Rhein zwischen Mainz und dem rechtsrheinischen Kastel.

3 Struktur des Textes und Figurengestaltung

3.1 Die Fluchtgeschichte

Wichtigstes Strukturelement des *Siebten Kreuzes* ist die Fluchtgeschichte der sieben Häftlinge. Das Erzählmuster der Fluchtgeschichte bringt nicht nur eine Fabel hervor, die den Leser von der ersten bis zur letzten Zeile in Atem hält, es enthält auch eine eigentümliche narrative Logik, in der wichtige Vorentscheidungen über die Auffassungsweise des Sujets, der faschistisch formierten Gesellschaft, schon eingeschlossen sind.

Wie das herkömmliche Spannungsdrama und die dem Drama nächstliegende erzählende Gattung, die Novelle, beruht die Fluchtgeschichte auf Figuren, die mit einem ›fertigen‹ Charakter die Szene betreten und das, was sie sind und wofür sie stehen, weniger durch Reflexion und Introversion als vielmehr durch einen entschlossen praktizierten Willen sichtbar machen: Ihr Inneres wird gegenständlich und damit auch anschaulich. Der Konflikt, der jeder Fluchtgeschichte zugrunde liegt, ist im *Siebten Kreuz* aufs äußerste zugespitzt: Sieben KZ-Häftlinge, denen im Lager der sichere Tod vor Augen steht, stellen die längst und eindeutig gegen sie entschiedene Machtfrage neu. Mit ihrer Flucht unterlaufen sie ihre Ohnmacht und nehmen für ihre Selbstbehauptung äußerste Bewährungsproben ihrer physischen und psychischen Kräfte auf sich. In diesem dramatischen Ausgangspunkt liegt eine Einladung zur Identifikation mit den Flüchtlingen, und zwar zunächst noch unabhängig von der politischen und moralischen Zustimmung zu dem, wofür ihre Personen stehen (Diersen 1972, S. 108). Die Wirksamkeit dieser Einladung ist durch zahllose Romane und Filme nach analogem Muster bezeugt, und daß Anna Seghers' Roman darauf zurückgreift, dürfte einen wichtigen Grund für das Interesse der MGM-Manager an seiner Verfilmung abgegeben haben (vgl. Kap. 1.4.2).

Das *Siebte Kreuz* wendet ein populäres, in der trivialen Unterhaltungskunst gern benütztes Erzählmuster an – soweit läßt sich von diesem Roman dasselbe sagen wie von einer Vielzahl von erzählerischen und dramatischen Texten, die im Exil entstanden. Allerdings besagt diese Feststellung (hier wie anderswo) noch nicht, daß zugunsten eines Publikumserfolgs ästhetische Kompromisse gemacht wurden. Die Grundkonstellation der Fabel drängt auf Aktion und auf Veräußerung des Inneren der Figuren und schließt spekulative Ereignisse ein. Das *Siebte Kreuz* unterwirft die Erzählung aber nicht der Veräußerung und dem spekulativen Effekt, sondern bedient sich ihrer in operationaler Absicht. Anna Seghers hat das selbst ausgesprochen und dabei auf einen Roman der Weltliteratur hingewiesen, der ihr bei der Abfassung des *Siebten Kreuzes* vor Augen schwebte, nämlich Alessandro Manzonis *Die Verlobten:*

> »Es wird nämlich in diesem Roman an einem Ereignis die ganze Struktur des Volkes aufgerollt, und da hab ich mir gedacht, diese Flucht ist das Ereignis, an dem ich die Struktur des Volkes aufrollen kann.« (Seghers, Über Kunstwerk und Wirklichkeit III, S. 34)

Die Fabel der Flucht legt den Korridor durch die sozialen Verflechtungen einer Gesellschaft, die der Faschismus teils vorgefunden hat und benützt, teils selber erst eingerichtet hat, und sie gibt auch die Optik vor, durch die diese Gesellschaft in Augenschein genommen wird: Das ›unerhörte Ereignis‹ der Flucht durchbricht den Schein, daß alle Zustände, die nunmehr ein halbes Jahrzehnt Bestand haben, auch unerschütterlich so sein und so bleiben müssen.

Anders als die ›triviale‹ Fluchtgeschichte fixiert diejenige des *Siebten Kreuzes* den Leser nicht auf das gute Ende. Der Ausgang der Flucht – von den sieben Geflohenen ist einer entkommen – ist das erste, worüber er unterrichtet wird. Das erste Kapitel beginnt mit einem knapp formulierten Bericht, der aus der zeitlichen Retrospektive die Bedeutung des gesamten Geschehnisses für die Opfer des Nationalsozialismus erläutert; der Sprecher dieser Passagen formuliert aus der Wir-Perspektive der KZ-Insassen:

> »Ein kleiner Triumph, gewiß, gemessen an unserer Ohnmacht, an unseren Sträflingskleidern. Und doch ein Triumph, der uns die eigene Kraft plötzlich fühlen ließ nach wer weiß wie langer Zeit«. (11 f.)

Das Gegenstück zu dieser Eingangspassage bildet der Schluß des letzten Kapitels, das das glückliche Entkommen eines einzelnen wieder auf die vielen zurückbezieht, die weiter dem Terror des KZs unterliegen:

> »Wir ahnten, was für Nächte uns jetzt bevorstanden. Die nasse Herbstkälte drang durch die Decken, durch unsere Hemden, durch die Haut. Wir fühlten alle, wie tief und furchtbar die äußeren Mächte in den Menschen hineingreifen können, bis in sein Innerstes, aber wir fühlten auch, daß es im Innersten etwas gab, was unangreifbar war und unverletzbar.« (452 f.)

Auftakt und Schluß des Romans bilden einen epischen Rahmen, der an die Rahmenerzählung von Novellensammlungen erinnert, wie sie seit Boccaccios *Decamerone* üblich ist; der epische Rahmen ordnet die selbständigen Erzählungen und bezieht die einzelnen Geschichten auf den Anlaß des Erzählens zurück. In der Tat umfaßt das *Siebte Kreuz* eine Vielzahl von novellistischen Einzelhandlungen, die für sich erzählt bzw. zu selbständigen Erzählungen ausgebaut werden könnten (Stephan 1985a, S. 47). Den strukturellen Zusammenhang dieser Taten und Geschehnisse stiftet freilich nicht erst jener Rahmen, sondern der Rhythmus der Fluchtgeschichte insgesamt. Vom Ausbruch der Sieben bis zu Heislers Entkommen vergehen sieben Tage. Jedem dieser Tage ist ein Kapitel gewidmet. Die Ereignisse eines jeden Tages weisen unverkennbare Parallelen auf, innerhalb derer sich zugleich bezeichnende Verschiebungen ergeben. Am ersten Tag werden zwei Flüchtige, Beutler und Pelzer, gefaßt, an den folgenden vier Tagen wird jeweils ein Geflohener gestellt: am zweiten Fluchttag Belloni, am dritten Wallau, am vierten gibt Füllgrabe auf. Bis dahin bestätigt sich jeden Tag die Unausweichlichkeit des Zirkels von Auflehnung gegen die Gewalt und erneuter Unterwerfung unter sie. Am fünften Tag kommt Aldingers Flucht zum Ende, aber dieses Ende enthält keinen Sieg der Verfolger mehr: Aldinger stirbt, sein Heimatdorf vor Augen; mit seiner Flucht hat der alte Mann der Gewaltmaschinerie nicht mehr, aber auch nicht weniger abgetrotzt als einen ›eigenen‹ Tod, und dieser Tod ist wie eine Heimkehr geschildert. Mit ihm ist die Erfolgsserie der Verfolger gebrochen.

Lückenlos verfolgt die Erzählung nur die Flucht Georg Heislers. In ihrem räumlichen Voranschreiten – von Westhofen nach Mainz, am nächsten Tag am linken Ufer des Rheins flußabwärts und schließlich über den Fluß und nach Frankfurt – wiederholt auch diese Flucht zunächst nur den Zirkel von Erfolg und Mißerfolg, dem die anderen Flüchtigen erliegen. Dieser Zirkel besteht darin, daß jede erfolgreich bewältigte Etappe der Flucht Spuren hinterläßt und Zeugen schafft, die Verfolger also wieder heranführt und damit nur die Ausgangssituation erneuert. An jedem dieser ersten Fluchttage trifft Heisler auf Menschen, die wissen oder ahnen, was es mit ihm auf sich hat, und an jedem Tag widerfährt ihm beides: Einige unterstützen ihn durch Schweigen und bewußtes Verwischen der Spur – der Fahrer des Brauereiwagens, der Dompfarrer in Mainz, der die im Dom gefundenen blutigen Verbandsfetzen verbrennt, der jüdische Arzt, der die Handverletzung ärztlich versorgt –, andere denunzieren ihn – der Junge, dessen Jacke Heisler stiehlt, das Hechtschwänzchen und die Prostituierte in Frankfurt, bei der der Obdachlose ein unauffälliges Nachtquartier sucht. Konsequenterweise umfaßt das Geschehen der ersten drei Tage jeweils eine spektakuläre Verfolgungsjagd, bei der Georg nur um Haaresbreite entkommt.

Mit der nächtlichen Jagd in Frankfurt endet, zur Halbzeit der Flucht, die Phase der direkten Konfrontation zwischen Gejagtem und Jägern. Sie wird abgelöst durch eine komplexe Situation: Paul Röder, der Georg versteckt, sucht die Verbindung zu Mitgliedern der verbotenen Kommunistischen Partei, die noch in einem konspirativen organisatorischen Zusammenhang stehen und seinen Schützling mit Geld und Papieren ausstatten könnten. Diese letzten Überreste der KP-Organisation versuchen ihrerseits, Kontakt zu ihrem bedrohten Genossen aufzunehmen, und treten mit diesem Versuch an die Stelle der Privatinitiative von Franz Marnet, den alten Freund aufzuspüren. In dieser zweiten Phase der Fluchtgeschichte geht die Initiative von Heisler auf Paul Röder und die anderen, ihm verborgenen Fluchthelfer über. Um so deutlicher wird ihm und dem Leser seine Ohnmacht erfahrbar – und die Gefahr, die seine Flucht heraufbeschwört: Heisler ist den Verfolgern nur noch indirekt ausgesetzt, zugleich aber exponiert sich eine ganze Gruppe weiterer Personen, und wenn die Spuren auch stärker verdeckt sind, so werden sie doch immer mehr. Wie nah die Verfolger dem Flüchtling sind, zeigt die Vorladung Paul Röders zur Gestapo, die ergeht, kaum daß Heisler beim Chemiker Dr. Kreß einen neuen Unterschlupf gefunden hat: Ob die konspirative Helfergemeinde Erfolg hat oder ob auch Georgs Fluchtgeschichte den tödlichen Kreislauf zurück ins KZ beschreibt, hängt völlig davon ab, ob Röder im Gestapo-Verhör zusammenbricht.

In der ›trivialen‹ Version der Fluchtgeschichte wachsen dem Helden regelmäßig übermenschliche Kräfte zu, mit denen er noch die verzweifeltsten Situationen bewältigt. Ganz anders im *Siebten Kreuz*. Der Roman widersteht der im Erzählmuster liegenden Versuchung zur Heroisierung. Er beschönigt nicht die Ohnmacht des Protagonisten, der an keiner Stelle in der Lage ist, selbst für den Erfolg seiner Flucht zu sorgen. Die Wahrhaftigkeit der Schilderung stellt, erzähltechnisch gesehen, die Methode dar, das, was in Heisler steckt, in äußerer Handlung zum Vorschein zu bringen: Seine Mittellosigkeit gestaltet seine Flucht als eine Kette von *Entscheidungssituationen* (Schlenstedt 1973, S. 408). In diesen Situationen hat der Flüchtling gar nicht die Zeit, über sich und seine Umwelt zu reflektieren, sich im Verhältnis zu ihr neu zu bestimmen und sich darin zu ›entwickeln‹. Alle Entscheidungen beruhen auf früherer Reflexion, Selbstbestimmung und Entwicklung und fördern deren Beschaffenheit unmittelbar zutage. Das gilt schon im simplen ›fluchttechnischen‹ Sinn. Die Tricks, sich unauffällig zu bewegen – der Anschluß an eine Menschengruppe, das Tragen eines Maschinenteils –, Spitzel abzuschütteln (128 f.), auch die intuitiv gefällten Entscheidungen – am ersten Abend nicht über die Rheinbrücke zu gehen, Boland nicht aufzusuchen – stellen keine voraussetzungslosen Eingebungen des Augenblicks dar, sondern gehen darauf zurück, daß Heisler und die anderen Flüchtlinge noch im KZ alle denkbaren Fluchtsituationen gedanklich vorweggenommen haben. Diese Darstellungsweise wirkt nicht nur der Heroisierung der Hauptfigur entgegen. Vor allem demonstriert sie, daß der Wille zur Flucht wie das Geschick ihrer Realisierung auf einer Gemeinschaft beruhen, einer Gemeinschaft von Opfern des KZ-Terrors, die sich mit ihrem Opferdasein nicht abfinden wollten. Aus dieser Gruppe bezieht der Flüchtige, als wäre er nicht allein, Rat und Durchhaltevermögen: Die Entscheidungen der ersten Fluchttage findet Heisler im inneren Zwiegespräch mit Wallau, dem Kopf der Gruppe, mit dem Georg freundschaftlich verbunden war.

»Unbezähmbarer Wunsch, stärker als alle Furcht, stärker als Hunger und Durst und das verfluchte Geklopfe in seiner Hand, die längst durch den Fetzen durchgeblutet war: liegenbleiben, die Nacht kommt ja. Schon jetzt deckt dich der Nebel, hinter diesem Gespinst über deinem Gesicht ist die Sonne schon blaß. Über Nacht wird man dich hier nicht suchen. Du hast Ruhe.

Er versuchte, Wallau zu Rate zu ziehen. An Wallaus Ratschlägen war kein Zweifel. Wenn du sterben willst, bleib liegen. Reiß einen Fetzen aus deiner Jacke. Mach einen neuen Verband. Geh in die Stadt. Alles andere ist Unsinn.« (60)

Daß der Zusammenschluß der einzelnen zu einer Gemeinschaft die entscheidende Lebensgrundlage des Individuums abgebe, gilt im *Siebten Kreuz* nicht nur im technischen Sinn des überlebenssichernden Verhaltens, sondern grundsätzlich. Zu welcher Art von Gemeinschaft der einzelne sich zählt, definiert den Menschen. Diese Auffassung kommt in Georgs Entscheidungen des vierten Tages zum Tragen: Er mußte seine letzte Lebenslüge, den Glauben an die Loyalität seiner Freundin Leni, korrigieren, er hat erfahren, daß Wallau gefangen ist, Füllgrabe stellt sich und wird die Verfolger wieder auf seine Spur bringen – ohne Fluchthelfer, die für sein Entkommen ein hohes Risiko eingehen, ist er am Ende.

»In der Zeit vor seiner Haft, in dem Leben vor dem Tod, hatte es Menschen gegeben, auf die man sich felsenfest verlassen konnte. [...] Er wog sie ab, einen nach dem andern. Das Abwägen war erstaunlich einfach; verblüffend rasch die erste Aussonderung, als sei die Gefahr, in der er sich jetzt befand, eine Art von chemischem Mittel, das untrüglich die geheime Zusammensetzung jedes Stoffes enthüllte, aus dem ein Mensch gemacht ist.« (249)

Die Erzählung nennt die Prüfung ein »Jüngstes Gericht« (250): Georg taxiert frühere Freunde und Genossen daraufhin, ob ihre menschlich-moralische Substanz wohl hingereicht hat, dem universell geltend gemachten und gewaltsam durchgesetzten Zwang zur Einordnung in die faschistische Volksgemeinschaft zu widerstehen. Von »ein paar Dutzend Menschen« (249), an die er denkt, bleiben vier und als fünfter Paul Röder, der zunächst nur den Mittelsmann spielen soll, dann aber – ungeachtet der politischen Differenzen zum Kommunisten Heisler – den ersten Helfer abgibt. Nach Georgs Entscheidung, auf diese Hilfe zu bauen, erweitert sich der Kreis derer, die nun ihrerseits in eine Entscheidungssituation gestellt werden. Von denen, die zu aktiver Fluchthilfe bereit sind, ist verlangt, daß sie für das Gelingen der Flucht ihre Existenz in die Waagschale werfen. Auf diese Weise multiplizieren sich die Figuren von Heislers Format in einer Bewegung, die der Dezimierung der Flüchtlinge durch die Verfolger entgegenläuft.

Bei den meisten der Helfer erzeugt die Flucht erst die Distanz zur Normalität, durch die sie gelingt: Sie erschüttert die öffentliche Ordnung des durchgesetzten Nationalsozialismus wie dessen Organisation des Privatlebens und bringt so die Beteiligten dazu, daß sie gleichsam neben ihre feststehenden Rollen treten und ihr Verhältnis zum gewohnten Arrangement neu bestimmen. Diesen Vorgang der Distanzierung schildert die Erzählung an mehreren Beispielen, am subtilsten an der Entwicklung einer Nebenfigur, dem jungen Helwig. Bekräftigt dessen Empörung über den Diebstahl seiner Jacke durch den Flüchtigen zunächst noch ganz selbstverständlich die eingerichtete Ordnung, so beginnt er doch bald, sich angesichts der ungewohnten Ereignisse ungewohnte Gedanken zu machen:

> »Seitdem er ein wenig nachdachte, war das Lager immer dagewesen und mit dem Lager auch alle Erklärungen, warum es dasein mußte. Er kannte gar nichts anderes. Das Lager war ja aufgebaut worden, als er ein Knabe gewesen war. Nun wurde es gleichsam zum zweitenmal aufgebaut, als er fast ein Jüngling war.«. (96)

Wird das Lager im Bewußtsein des Jungen »zum zweitenmal aufgebaut«, d. h. zum ersten Mal prüfend bedacht, erweist sich, daß die Zustimmung zu den existenten Gewaltverhältnissen sich keineswegs von selbst versteht, und der Junge beteiligt sich auf eigene Faust daran, Heislers Spur zu verwischen.

In der Situation der Entscheidung und unter der Notwendigkeit, gewohnte Haltungen in Frage zu stellen oder aufs Neue zu bekräftigen, stehen im Prinzip auch die Verfolger. Nicht, daß es innerhalb des Personals der Gewaltmaschinerie zu Saulus-Erlebnissen kommen würde; aber auch für die Funktionäre der faschistischen Macht stellt die Flucht der Sieben und vor allem Heislers Entkommen ein ›unerhörtes Ereignis‹ dar, und die Reaktionen darauf offenbaren zweierlei: Auch sie wurden nicht als Faschisten geboren, sondern müssen sich auf je eigene Weise und stets aufs Neue in ihre Rolle im System der Gewalt einfinden. Zum zweiten gibt es Täter, denen diese Rolle zur persönlich unverzichtbaren Identitätskrücke geworden ist, weil sie sozialgeschichtlich verursachte und biographisch erfahrene Beschädigungen nicht mehr anders zu kompensieren vermögen.

Einerseits personalisiert der Roman durch die Fluchtgeschichte die Machtstrukturen wie die gesellschaftlichen Subsysteme: er führt sie auf die Individuen zurück, die allein jenen Strukturen Leben verleihen und unter ihren Bedingungen ihr Leben einrichten. Andererseits vermeidet die Erzählung gerade dadurch eine Personalisierung, die eine Deckungsgleichheit zwischen dem Regime und seinen Werkzeugen, zwischen der Gewalt und ihren Untertanen behauptet.

3.2 Der Querschnitt durch die Gesellschaft unter dem Faschismus

Die sieben Flüchtigen des *Siebten Kreuzes* weigern sich, die übermächtige Gewalt des Faschismus als ihr Schicksal zu akzeptieren, erschüttern und aktivieren damit Freund und Feind und bringen Bewegung in manches eingespielte Arrangement mit der Macht. So führt die Geschichte der Flucht zurück auf die politisch-moralischen Charaktere, die durch die Ereignisse der sieben Tage einander konfrontiert werden. Die Berichterstattung darüber, was diese Charaktere ausmacht und wie sie geworden sind, was sie sind, fügt die Erzählung in die Ereigniskette von Flucht und Verfolgung ein. Aus relativ geschlossenen biographischen Erzählungen, der Wiedergabe von Erinnerungsbruchstücken und der Schilderung von aktuellen Handlungsweisen bzw. Bewußtseinsvorgängen entsteht so das differenzierte Bild einer Gesellschaft, die durch ein halbes Jahrzehnt nationalsozialistischer Herrschaft geprägt ist (über die erzählerische Technik der Montage vgl. Kap. 4.3).

3.2.1 Die Exekutoren der nationalsozialistischen Herrschaft

Das *Siebte Kreuz* schildert den Nationalsozialismus als terroristische Herrschaft. Aber anders als den meisten Exilanten reichte Anna Seghers die Verurteilung des Terrors nicht aus, um mit denen fertig zu sein, die ihn ausübten. In allen zwischen 1933 und 1939 entstandenen Texten, vor allem aber im *Siebten Kreuz*, hat sie sich eindringlich um die Innensicht militanter Nationalsozialisten bemüht. Der moralischen Abscheu, welche die Darstellung der nackten Brutalität provoziert, will sie das Begreifen dessen hinzufügen, wie Menschen sich zu solchen Taten bereitfinden können und welche Binnenstrukturen sich in den Tätergemeinschaften entwickeln. Diesem analytischen Interesse entspricht zum ersten, daß der Roman die Brutalität des Terrors ohne Beschönigung vorführt, es aber nicht darauf anlegt, ihn in möglichst grellen Farben auszumalen, zum zweiten aber, daß er eine differenzierte Typologie nationalsozialistischer Täter entwirft. Sie umfaßt den Personenkreis der ausführenden Organe des Terrors. Die Ebene der obersten Befehlshaber, d. h. der Subjekte von Politik und Ideologie des Nationalsozialismus, wird nicht berührt.

Die Exekutoren der faschistischen Gewalt teilen sich in drei Tätertypen mit je verschiedenem moralisch-psychologischem Profil ein: die faschistischen Kämpfer, die Karrieristen der eingerichteten Herrschaft und die Technokraten der Gewalt.

Der Lagerkommandant Fahrenberg, »der alte Kämpfer« (11), wie auch sein Gefolgsmann Zillich, der fürs Grobe zuständig ist, sind Faschisten der ›Kampfzeit‹. Sie haben sich schon in den revolutionären Wirren der unmittelbaren Nachkriegszeit und während der Weimarer Zeit für die Durchsetzung einer autoritären Herrschaft geschlagen. Der Roman führt ihre politische Tradition bis auf die Freikorps und den Militarismus des zweiten Kaiserreiches zurück. Ihre gesellschaftliche Herkunft verweist auf die beiden Schichten, deren soziale Unzufriedenheit die NSDAP am erfolgreichsten für sich mobilisieren konnte, das Kleinbürgertum und die Bauernschaft. Diese Auffassung, die schon die ersten Exilromane von Anna Seghers prägt, antizipiert Resultate späterer soziologischer Forschungen über die soziale Basis der nationalsozialistischen Bewegung (vgl. Kühnl 1971, S. 80 ff.; Clemenz 1972). Das *Siebte Kreuz* geht aber über die bloße Zuordnung von NS-Anhängerschaft und sozialer Schicht hinaus. Im Roman ist es nicht allein die enge, sozial deklassierte und ökonomisch stets gefährdete Existenz des Kleinbürgers bei Fahrenberg, des Bauern bei Zillich, die deren Hinwendung zum militanten Faschismus begründet. Vielmehr tritt zur sozialen Lage als entscheidende Erfahrung diejenige des Krieges und der gewaltsamen Auseinandersetzungen der Nachkriegszeit hinzu. Sie entfremdet die Individuen jeglicher Zivilgesellschaft, weil sie ihnen das Dasein als Organ einer überlegenen Gewalt zum Lebensinhalt macht. Von Fahrenberg heißt es:

»Lieber als seinem alten Vater in Seeligenstadt Röhren legen helfen, wollte er Deutschland erneuern, mit seinem SA-Sturm kleine Städtchen erobern, vor allem das Heimatstädtchen, in dem er früher als Nichtsnutz gegolten hatte. In den Arbeitervierteln herumknallen, Juden verprügeln und dann schließlich alle düsteren Prophezeiungen seines Vaters und der Nachbarn Lügen strafen, indem man auf Urlaub nach Hause fuhr mit Achselstücken, Geld in der Tasche, mit Anhang, mit Macht.« (235)

Wie in der Erzählung von Zillichs Werdegang (371 ff.) ist hier darauf angespielt, daß die Mitgliedschaft in den NS-Kampforganisationen schon vor 1933, erst recht aber danach einen sozialen Aufstieg und einen Gewinn an Sozialprestige bewirken konnte, der den gescheiterten Existenzen anders nicht zugänglich war. Aber die erste Generation der Nazi-Kämpfer ist in der Darstellung des Romans weit davon entfernt, den eigenen Einsatz instrumentell im Hinblick auf diesen Aufstieg zu kalkulieren. Sie genießen das Prestige und die materielle Gratifikation, die ihnen zufallen, aber ihre Liebe zu Macht und Gewalt ist, jenseits rationaler Kalkulation, psychologisch motiviert. Im Falle Fahrenbergs ist es das Gefühl der Allmacht, das ihm aus der Gewalt über die Häftlinge zuwächst: Er interpretiert seine Funktion in der Gewaltmaschinerie als einen an ihn persönlich ergangenen Auftrag, der ihn aufs Höchste auszeichne, und steigert sich dabei in den Wahn, als gäbe es den Faschismus und das KZ geradezu um seinetwillen.

»Zwischen den beiden Fenstern hing das Bild des Führers, von dem er, wie er sich das zusammengereimt hatte, zur Macht bestellt war. Fast, nicht ganz zur Allmacht, Herr über Menschen sein, Leib und Seele beherrschen. Macht haben über Leben und Tod, weniger tut's nicht. Ausgewachsene starke Männer, die man vor sich hinstellen läßt, und man darf sie zerbrechen, rasch oder langsam [...] Meistens war der Geschmack der Macht schlechthin vollkommen gewesen«. (161)

Wie die bedingungslose Wertschätzung der Macht zeigt, ist die Frage ihrer Legitimität offenbar mit dem – keineswegs nur Nazis geläufigen – Topos beantwortet, daß die überlegene Macht auch im Recht ist; eine Gedankenfigur, durch die jede Aktion zu ihrer Durchsetzung per se gerechtfertigt ist. Fahrenbergs Allmachtphantasie setzt das Bewußtsein, auf der richtigen Seite zu stehen, voraus, läßt aber die Sphäre der politischen und moralischen Legitimation weit hinter sich. Der SA-Führer reflektiert sein Funktionieren in der faschistischen Gewaltmaschinerie zurück auf seine Person. Er imaginiert sich aus der Rolle des Instruments heraus und in diejenige des Begünstigten der Gewalt hinein. Daß er selber einer Befehlsgewalt untersteht, deutet er als persönliche Auszeichnung durch den Führer, die seiner Wohlfahrt, seiner Anerkennung, kurz: seinem persönlichen Glück zugedacht ist. Sein Sadismus ist nicht politisch kalkuliert, sondern stellt die psychisch genossene Bewährung vor seinem Auftrag dar, die diese Berufung wiederum bekräftigt. In dem psychologischen Zirkel, jeden eingelieferten Häftling als Herausforderung seiner Mission zu sehen und den erfolgreichen Terror gegen ihn als Bekräftigung dieser Mission zu genießen, wird ihm die faschistische Gewalt zur persönlichen Identität: An ihrem Einsatz maßgeblich beteiligt zu sein, verschafft seinem Dasein einen höheren Sinn, und das Kollektiv derer, die sie unter seinem Kommando ausüben, verhilft ihm zu einer sozialen Identität.

Die Zillich-Figur ergänzt die Psychologie des faschistischen Gewalttäters um eine sozialpsychologische Komponente. Sie wird am deutlichsten an einer Passage, in der Zillich, das Scheitern seiner SA-Existenz vor Augen, sich in die Gastwirtschaft des nächstliegenden Dorfes begibt. Seine innere Reaktion auf die sinnliche Konfrontation mit seiner eigenen ländlichen Herkunft produziert ein Psychogramm:

»Ich – ich soll noch mal mit den Kühen rumbumbeln, dachte Zillich. Bei dem bloßen Anblick der Dorfgasse, die ihn an seine eigene erinnerte, füllte sich sein Inneres mit dumpfer Angst. [...] Er kannte diese Angst von klein auf. Sie hatte ihn schon zu den furchtbarsten, scheinbar verwegensten Dingen angestiftet. Sie war die allergewöhnlichste Menschenangst, wie tierisch sie sich gebärden möchte. Sein angeborener Verstand, seine Riesenkräfte waren von klein auf eingezwängt, unberaten, unerlöst, unverwendbar.

Er hatte im Krieg das eine gefunden, was ihn erleichterte. Er wurde nicht wild beim Anblick des Blutes, wie man es den Mördern nachsagt. Das wäre noch eine Art Rausch gewesen, noch heilbar, vielleicht durch andere Räusche. Der Anblick des Blutes beruhigte ihn. Er wurde so ruhig, als strömte sein eigenes Blut aus der tödlichen Wunde, wie ein eigener Aderlaß. Er sah hin, wurde ruhig und ging weg, und er schlief dann auch ruhig.« (373-375)

Das Psychogramm führt einen gescheiterten Kleinbauern vor, dem alle soziale Bedrängnis in eine abstrakte Angst zusammenschießt; deren Gründe sind ihm, der von allen Entwicklungsmöglichkeiten abgeschnitten ist, unzugänglich, so daß er diese Angst mit Gewalttätigkeit abwehrt. Zillichs Gewaltbereitschaft wird mithin als eine psychologische Reaktion auf soziale Bedrängnis und Perspektivlosigkeit aufgefaßt. Diese Darstellung, die sich durchaus als früher Beitrag zur sozialpsychologischen Faschismustheorie lesen läßt, hebt auf beides zugleich ab: auf die innere Folgerichtigkeit in der Psychogenese des faschistischen Gewalttäters wie auf deren Inkonsequenz. Die Inkonsequenz besteht darin, daß die psychologische Reaktion der Gewalttätigkeit die äußeren und inneren Zwänge keineswegs ausschaltet, sondern sie nur reproduziert und am Ende das Selbst – den Verstand und die Kräfte des Individuums – vernichtet. Mit dieser Sichtweise beharrt Anna Seghers' Erzählung darauf, daß der faschistische Terror im feindlichen Gegensatz nicht nur zu seinen Opfern, sondern auch zu vielen der Täter auf der ›unteren‹ Ebene des Gewaltapparats steht. Damit ergeht kein moralischer Freispruch, wohl aber wird der Vorwurf, der diese Täter trifft, weitergeleitet an die sozialen und politischen Verhältnisse, die sie »eingezwängt, unberaten, unerlöst« ließen. Zum zweiten wird durch diese Auffassung die Vorstellung aufgebrochen, die sozialpsychologische Genese faschistischer Gewalttäter sei ein Vorgang von unausweichlicher Zwangsläufigkeit. Die Charakterisierung von Zillich als »unberaten« gibt nicht an, welcher Ratgeber ihn worüber hätte aufklären können; sie deutet aber darauf hin, daß der Übergang vom sozialen Elend zur faschistischen Praxis keineswegs unabdingbar, sondern als Widersinn durchschaubar ist. Zum dritten aber bringt das Anführen der intellektuellen und physischen Potenzen Zillichs, die durch die faschistische Wendung »unbrauchbar« werden, den Gedanken ins Spiel, daß in der Entwicklung zum Faschisten eine menschliche Potenz pervertiert wird, die auch zu anderen, konstruktiven Äußerungen fähig wäre (einen bildhaften Ausdruck findet diese Auffassung in der ersten Schilderung Bunsens als eines gefallenen Engels; vgl. 36).

Anna Seghers' Erzählung variiert hier eine Auffassung, die vor allem unter den linken, namentlich den kommunistisch orientierten Schriftstellern verbreitet war. Auch in Willy Bredels KZ-Roman *Die Prüfung*, in Bertolt Brechts Drama *Furcht und Elend des Dritten Reiches* und in etlichen seiner Exilgedichte werden die unteren Chargen der NS-Gewalt gleichsam angesprochen und mit dem Widerspruch konfrontiert, daß sie mit der Gewalt gegen ihresgleichen auch sich selbst schädigen, während sie doch gute Gründe hätten, mit ihren Opfern zusammen gegen die NS-Befehlshaber vorzugehen. Aus dem nämlichen Interesse, interne Widersprüche innerhalb des NS-Systems und damit Friktionen und vielleicht sogar Bruchstellen auszumachen, erklärt sich, daß das *Siebte Kreuz* einigen erzählerischen Aufwand treibt, um die zentrale NS-Ideologie vom humanen Wert der faschistischen Gefolgschaftstreue einer praktischen Widerlegung zuzuführen. Diese Ideologie ist vor allem für die Untergebenen von Belang, weil sie das Treueverhältnis zwischen Führer und Geführtem als Fürsorgepflicht des Befehlshabers ausgibt und den bedingungslosen Gehorsam als quasi-freiwillige Gegenleistung für garantierte Fürsorge deutet (372). Die erfolglose Jagd auf Georg Heisler führt zum Offenbarungseid des SA-Führers über die nationalsozialistische Treue: Er ergeht sich in Haßausbrüchen gegen seine Kreatur, gibt Zillich die Schuld am eigenen Scheitern und beweist, daß er seine Untergebenen nur als verächtliche Werkzeuge benutzt hat. Während die Erzählung offen läßt, ob Fahrenberg sein Scheitern am

Ende mit Selbstmord quittiert oder »die Treppe heraufgefallen« ist und »noch mehr Macht bekommen« hat (452), ist sein Handlanger Zillich schon längst »ausgestoßen« (345).

Die Demonstration, daß die durch den Nationalsozialismus neu eingerichteten Befehls- und Unterordnungsverhältnisse innerhalb der Gesellschaft neue Gegensätze eröffnen und – im Gegensatz zum Lob der Gemeinschaftlichkeit aller Deutschen in der NS-Ideologie – jede Gemeinschaftlichkeit zerstören, bleibt nicht auf das KZ beschränkt. Figuren mit dem moralisch-psychologischen Profil Zillichs führt der Roman auch im Umkreis des Lagers und in Aldingers Heimatdorf, also vorwiegend im ländlichen Milieu, vor. Sie sind nicht so eindringlich durchleuchtet wie Zillich, sollen aber ausdrücklich vor dem Hintergrund der Zillich-Figur verstanden werden (97). In den Dörfern rekrutieren sich die militanten Nazis aus den materiell Gescheiterten und moralisch Beschädigten, die es vor dem Faschismus schon gegeben hat, die aber nunmehr den Ton angeben. Sie ergreifen die Chance, mit der Bereitschaft zu persönlicher Gewaltanwendung und zur Bespitzelung ihrer Mitmenschen ein wenig Teilhabe an der allgemeinen Gewalt zu gewinnen. Auf dem Lande werden sie bisweilen zu lokal bedeutenden Figuren, die die Gelegenheit erhalten, private Rechnungen zu begleichen. Auch bei der Zeichnung dieser Figuren legt der Roman Wert auf die Feststellung, daß die ›kleinen‹ Faschisten über das Elend, das sie zum Nationalsozialismus gebracht hat, nirgendwo wirklich hinauskommen, sondern nur die materielle Misere durch die moralische ergänzen.

Am Ende des Romans wird Fahrenberg durch einen Kommandanten abgelöst, der dafür sorgt, »daß auch in der Hölle Ordnung sei« (380). Dieser Vorgang verweist auf eine generelle Entwicklung des Nationalsozialismus nach der »Machtergreifung«: Die ›Kämpfer‹ werden zu ›kalten‹ Funktionären des zunehmend institutionalisierten Gewaltapparats, oder sie werden abgelöst. Der nationalsozialistischen Gleichschaltung aller staatlichen und gesellschaftlichen Institutionen entspricht eine institutionelle Verfestigung der faschistischen Bewegung. Damit ist die Stunde der kalkulierenden Opportunisten gekommen, welche die verschiedenen Funktionen des faschistischen Staates vom Folterknecht bis zum Schreibtischtäter als ebenso viele Karrierechancen betrachten und in dieser Karriere einen guten Grund für ihre Mittäterschaft sehen. Dieser Typus des Karrieristen im eingerichteten System ist im KZ durch Bunsen vertreten. Schon am Anfang betrachtet Bunsen den Zufall, daß er nach dem Ausbruch rechtzeitig zur Stelle ist, als günstige Gelegenheit, sich für höhere Führungsaufgaben zu profilieren, und er beobachtet die irrationalen Reaktionen Fahrenbergs wie dessen psychischen Verfall hämisch als seine Aufstiegschance (darin liegt zugleich ein Beitrag zur Erhellung der gruppendynamischen Vorgänge innerhalb der faschistischen Terrortruppe).

Der Typus des aufstiegsbewußten Opportunisten existiert im *Siebten Kreuz* nicht nur innerhalb des KZs, sondern auch in der Zivilgesellschaft. Anders aber als in Klaus Manns Roman *Mephisto* tritt bei Anna Seghers die Figur, die durch Anpassung eine hervorgehobene gesellschaftliche Position erringt, nur als Randfigur auf. Ihr sozialer Roman bleibt ›sozial‹ in dem Sinne, daß ihn nicht der Erfolg und das, was er die Erfolgreichen kostet, interessiert, sondern die Anstrengung, die Verblendung und der Mißerfolg all jener, auf deren Kosten die Erfolge der ›Großen‹ gehen.

Aus dem nämlichen ›sozialen‹ Blickwinkel heraus geraten die beamteten Technokraten der Gewalt wie Overkamp und die übrigen Funktionsträger des Polizeiapparats in das Zentrum des Interesses. Der NS-Staat hat sie gleichsam von der Weimarer Republik geerbt und kann sie ohne weiteres für nützliche Dienste einsetzen. Daß Figuren wie sie eine wichtige Stütze des Regimes bilden, wird dem Roman nicht zum Anlaß, sie zu dämonisieren – im Gegenteil. Overkamp ist ein korrekter Beamter, dessen persönliches Engagement ganz mit dem zusammenfällt, was seine Amtspflicht von ihm verlangt. Neben dem Totschläger Zillich und dem wahnhaften Fahrenberg wirken sein kombinierender Verstand und seine Methode, Verhöre formell rechtsförmig durchzuführen, geradezu als rational und human. Die Verhöre von Wallau (201-208) und Elli (350-353) durch Overkamp und die Vernehmung Mettenheimers durch einen jungen Gestapo-Beamten (100-105) zeigen jedoch eindringlich, daß deren Befragungstechnik in der Methode nichts ist als Psychoterror, der darauf zielt, das Opfer zur Mitwirkung an der Vernichtung der eigenen Person und der ihr Verbundenen zu bewegen. Overkamp ist bewußt, daß er ein Instrument der faschistischen Gewalt ist, und wie alle anderen hat er eine moralische Legitimation dafür. Die Gedankenfigur, die er zur Legitimation bemüht, weist ihn als Repräsentanten eines weit verbreiteten Bewußtseins aus:

»All die Menschen, nach denen er fahnden mußte, hatte er immer für Feinde der Ordnung gehalten, so wie er sich die Ordnung vorstellte. Auch noch heute hielt er die Menschen, nach denen er fahndete, für die Feinde der Ordnung, wie er sich die Ordnung vorstellte. Soweit war alles noch klar. Unklar wurden die Dinge erst, wenn er sich überlegte, für wen er da eigentlich arbeitete.

Aber Overkamp riß seine Gedanken von Westhofen ab. – Blieb noch die Sache Heisler.« (323 f.)

Führt der Roman bei den militanten Faschisten vor, wie sie zur Identifikation mit dem Nationalsozialismus kamen, so legt er hier Wert auf die Klarstellung, daß es keineswegs solch vollkommener Identifikation bedarf, damit ein Individuum als Werkzeug der Gewalt fungiert. Overkamp ist ein autoritärer Charakter, für den schon immer Unrecht hat, wer gegen eine gesetzliche Vorschrift verstößt, gleichgültig, welchen Inhalt die Vorschrift hat, und gleichgültig, was die Gründe und Ziele des Regelverstoßes gewesen sein mögen. Der Psychologie des autoritären Charakters entspricht ein banaler, aber radikaler Nationalismus. Overkamp zählt sich zu den »nationale[n] Männer[n]« (323), denen jede Bestrebung suspekt ist, die sich nicht von vornherein als Dienst an der Nation definiert. Dieser Haltung fehlt für eine brauchbare Ideologie des bedingungslos einsetzbaren Werkzeugs nur noch eines: ein Denkverbot über die Nutznießer seiner Tätigkeit, das sicherstellt, daß der Ordnungsfanatiker nicht selber in Distanz zur Ordnung gerät. Diese Gefährdung seines Arrangements mit sich selbst und seiner Aufgabe kann er allerdings leicht vermeiden, denn deren pflichtgemäße Erfüllung gibt ihm genug zu denken und enthebt ihn der heiklen Reflexion auf das cui bono.

3.2.2 Das Volk oder: Elend und Furcht des Dritten Reiches

Das *Siebte Kreuz* konfrontiert den Leser mit einer eindringlichen Schilderung dessen, wie die totalitäre Herrschaft des Nationalsozialismus jenseits der KZ-Mauern funktioniert, und zwar durch ein vielfältiges Mosaik von Szenen aus dem Alltag des Volkes. Das Volk, das sind die vielen, die der NS-Staat zum Menschenmaterial seiner Herrschaft macht und die ihm dabei in der Regel keine besonderen Schwierigkeiten bereiten. Anna Seghers' Roman macht deutlich, daß dieser Umstand keineswegs auf eine besondere moralische Verkommenheit der Beherrschten, sondern vor allem auf das Verhältnis zurückzuführen ist, das der Nationalsozialismus zur vorgefundenen Gesellschaft eingeht: Die eingerichtete gesellschaftliche Teilung der Arbeiten und Zuständigkeiten unterwirft er keineswegs revolutionären Veränderungen, sondern er beläßt sie möglichst weitgehend, um sie zu benutzen. Um nur eines von vielen Beispielen anzuführen: Der Auftrag zur Renovierung einer Wohnung, den der Tapezierer Mettenheimer in der erzählten Zeit ausführt, geht darauf zurück, daß eine jüdische Familie daraus verjagt wurde. Der politische Anlaß des Auftrags ist Mettenheimer bekannt, berührt aber weder seine Tätigkeit noch seine Handwerkerehre. Der Malermeister verachtet den offiziellen Antisemitismus ebenso wie den neuen Wohnungsinhaber, einen NSDAP-Parteigenossen, aber die Notwendigkeiten des kleinen Geschäfts, in dem er sein Brot verdient, wie seine Berufsehre gebieten ihm, dennoch erstklassige Arbeit zu leisten. Indem er seinem Standesbewußtsein genüge tut und sein Einkommen erarbeitet, dient er der nationalsozialistischen Herrschaft, ohne daß ihm das zu Bewußtsein käme. Daß der Staat, in dem er lebt und dessen Gesetze er befolgt, etwas anderes ist als eine handhabbare Existenzbedingung, nämlich eine unbedingten Gehorsam fordernde Gewalt, deren Drohung sich auch auf ihn erstreckt, diese bittere Erkenntnis kommt ihm erst, als die Gestapo ihn durch Verhöre bedrängt und ihn observiert, weil er längst als Schwiegervater Heislers polizeinotorisch ist und die Fahnder auf die Spur des Flüchtigen bringen soll, falls dieser Kontakt zu der Frau aufnimmt, mit der er vor dem Gesetz noch verheiratet ist. Wie Mettenheimer, so geht es den meisten. Da der Nationalsozialismus an ihren Arbeiten und Zuständigkeiten wenig ändern mußte, damit sie ihm nützliche Dienste erweisen, erscheint ihnen ihr Mitmachen – im doppelten Sinn von Unterstützen und Erdulden – zunächst und vor allem als unverdächtige gesellschaftliche Normalität. Veränderungen, die sie beobachten, stellen sich ihnen nur selten als radikaler Bruch dieser Normalität dar, zumal die zunehmende faschistische Formierung der Gesellschaft oftmals in der Form eines Angebots an die freie Entscheidung des privaten Individuums auftritt.

Für einen Tapezierer, dessen Tochter die Scheidung von einem KZ-Häftling ablehnt, muß dieser Beweis ideologischer Unzuverlässigkeit im Jahre 1937 noch nicht das berufliche Aus bedeuten. Anders in den höheren Positionen. Hier ist der aktive Nachweis von unzweideutiger Gesinnungstreue verlangt, und zugleich berechtigt dieser Nachweis zum Aufstieg in solche Positionen. So ziehen denn viele, denen gestern noch jeder politische Fanatismus fern lag, auch gute Bekannte, ja Freunde des Kommunisten Heisler, die Uniform der SA oder der SS an, tun in Beruf und Freizeit, was vom Träger einer solchen Uniform erwartet wird, und üben sich auf diese Weise in die geforderten Denk- und Verhaltensweisen ein. Der individuelle Ausgangspunkt – die Befürchtung der Relegation oder die Hoffnung auf Karriere – wird darob zunehmend gleichgültig.

Analoges geschieht in der nationalsozialistischen Politisierung der Freizeit durch die Organisationen, die jeden ›Stand‹ bis hin zu den Frauen und der Jugend erfassen. Beispiele finden sich in beiden Familienverbänden, in die der Leser Einblick erhält, bei den Marnets wie bei den Mettenheimers, bei denen auch deutlich wird, wie kontinuierlich gleitend die regimekonforme Formierung voranschreitet: Ellis älteste Schwester arrangiert sich mit den SS-Ambitionen ihres Mannes, indem sie der NS-Frauenschaft beitritt, und ihr Mann, eigentlich zur Religionsfeindlichkeit verpflichtet, arrangiert sich mit dem Katholizismus seiner Frau und läßt die Kinder zur Erstkommunion gehen – weil und solange ihm das gestattet ist; und seiner Frau leuchtet schon zur Gegenwart der Erzählung ganz von selbst ein, daß angesichts der Ereignisse der familiäre Kontakt zu Elli abgebrochen werden ›muß‹.

Das Ensemble dieser Entwicklungen läßt einen ›Gemeingeist‹, eine öffentliche Moral entstehen, der vieles als normal gilt, was wenige Jahre zuvor noch ein Skandal gewesen wäre. Der Roman deutet auch auf die Rolle der Medien, vor allem des Rundfunks, bei der Bildung des erwünschten Bewußtseins. Wenn allenthalben die Parole von der lebensnotwendigen Wachsamkeit aller Volksgenossen gegen Volksfeinde verbreitet wird, dann kann derjenige kein Schuft sein, der seinen Nachbarn anzeigt. Für die Machthaber ist an diesem Spitzelwesen erfreulich, daß die privaten Denunzianten nicht nur an den Stätten der öffentlichen Meinungsäußerung, sondern auch im Arbeitsleben und in der Privatsphäre, also überall präsent sind, wo offizielle Überwachung inopportun oder unmöglich ist. Die eigeninitiativen Spitzel ergänzen aufs Trefflichste die Arbeit der Geheimen Staatspolizei, indem sie auch zur Denunziation fähig sind, wenn sie den Nachbarn gar nicht bei der Betätigung beobachtet haben, die sie zur Anzeige bringen – ihrerseits gute Nachbarn, kennen sie die ›Roten‹ in ihrem Haus noch aus früheren Jahren, so daß die Anzeige ganz jenseits jeder aktuellen Beobachtung den ›Richtigen‹ dingfest macht. So kommt es, daß eine der Personen, die Paul Röder um Unterstützung angehen will, inzwischen in dem KZ einsitzt, dem der Flüchtling entkam. Für jene Art öffentlicher Moral ist es nicht schädlich, wenn harmlose, unpolitische Menschen periodisch von Angst überfallen werden – sie haben die Wahl, ihr zu entgehen, indem sie selber Angst verbreiten. Wenn alle Abhängigkeiten – zwischen Arbeitgeber und Arbeitnehmer, zwischen Lehrendem und Lernenden usw. – nach dem Prinzip von Führer und Gefolgschaft gestaltet werden, dann wird zwar weiterhin gearbeitet und gelernt, doch unweigerlich gleichen sich die Verkehrsformen der Gesellschaft immer enger denen der Kaserne an, und den Beteiligten wird nicht einmal bewußt, daß sie damit das Gesellschaftsideal ihrer Obrigkeit realisieren. Ein knapp geschildertes, aber schlagendes Beispiel dafür bieten die Szenen einer Lehrlingsausbildung, die Hermann beobachtet (366 f.).

Nach allem, was man aus der historischen Forschung der letzten Jahrzehnte und namentlich der »oral history« weiß (vgl. Beck 1980; Focke/Reimer 1979), ist das Bild vom Elend des Dritten Reiches, das das *Siebte Kreuz* zeichnet, nicht nur treffend, sondern auch erstaunlich komplett. Einen besonderen Akzent setzt der Roman allerdings bei der Darstellung der Furcht, mit der das Dritte Reich regiert. Diese Furcht ist überall präsent, aber nirgendwo so konzentriert wie in der proletarischen Sphäre. Die Erzählung will damit keine statistische Angabe über die Qualität von Überwachungs- und Verhaftungsaktionen in diesem Bereich machen, sondern eine qualitative Aussage treffen. Sie stellt den historischen Sachverhalt heraus, daß unter den Bedingungen einer durch die Kriegsvorbereitung angekurbelten Ökonomie und unter der Aufsicht der Arbeitsfront bisher ungekannte Anforderungen an die Fabrikarbeiter gestellt werden, die nicht nur die Intensität und Dauer der Arbeit, sondern auch die Fügsamkeit des Arbeitswillens betreffen. Diesen Sachverhalt will der Roman so verstanden wissen, daß das Interesse des NS-Staats an der produktiven Ausnutzung von Arbeitskräften den Arbeitsprozeß als unmittelbaren Gegensatz zu den Interessen der Arbeiter gestaltet – als einen Gegensatz, der durch keine Fortschritte der öffentlichen Moral mehr zu überdecken ist. In unmittelbar vergegenwärtigten und aus der Erinnerung erzählten Fabrikszenen wird die Rücksichtslosigkeit gegen Gesundheit und Leben der Arbeitenden ebenso dargestellt wie die peinliche Kontrolle der Gesinnung: Holzklötzchen, der Handlanger in Franz' Werkshalle, wird wegen eines falschen Wortes verhaftet, und das ist nur der erste von vielen Fällen. Die Erzählung verschweigt nicht die Zuschläge und Vergünstigungen, welche die faschistische Gerechtigkeit vor allem jenen zuerkennt, die trotz ihrer Armut für den Kindersegen sorgen, den der Führer einer demnächst kriegführenden Nation in Auftrag gegeben hat. Sie behauptet dennoch, daß – in der erzählten Zeit bei Opel in Rüsselsheim – gelegentlicher proletarischer Widerstand gegen Armut und Verschleiß stattfinde, dem mit der prompten Einlieferung der Unbotmäßigen ins KZ gesteuert werde (344, 366). Damit will sie gewiß nicht suggerieren, daß der Ausbeutung in deutschen Fabriken der Vorkriegszeit ein nennenswerter proletarischer Widerstand erwüchse, auch wenn das dem Wunsch der Kommunistin Anna Seghers gewiß entsprochen hätte. Eher wollte sie wohl auf die Behauptung hinaus, daß der unversöhnlichste Gegensatz in der faschistischen Gesellschaft derjenige des Staats zum Lebensinteresse der Arbeiter sei. In dieser Auffassungsweise bedeutet für das Proletariat Anpassung weit mehr als einen Opportunismus, mit dem bezifferbare Vorteile zu erringen sind: dank Faschismus erschöpfen sich die Alternativen des proletarischen Lebens in der Wahl zwischen dem geregelten Verlust der Lebenskräfte in der Fabrik und der gewaltsamen Lebensbedrohung durch das KZ.

Elend und Furcht des Dritten Reiches werden im Roman zwar durch auktoriale oder personale Zustandsschilderungen festgehalten, mit Vorliebe aber durch die Verheerungen charakterisiert, welche die Verhältnisse an den Individuen bewirken. Die Zeugnisse einer allgemeinen Verrohung sind zahllos. Freundschaften zerbrechen unter dem Mißtrauen, das zwischen Individuen verschiedener Anpassungsgrade nur zu berechtigt ist. Wie das Scheitern von Wallaus Flucht am dramatischsten zeigt, liegt in jedem Vertrauensverhältnis, das nicht auf der Kumpanei der Opportunisten beruht, das Risiko des Verrats, der den Denunzianten nicht minder vernichtet als den Denunzierten. Menschen, die sich nicht zum Konformismus bereitfinden, ziehen sich auch von Gleichgesinnten zurück und versteinern in ihrer Einsamkeit. Durch die allgemeine menschliche Verkümmerung reproduzieren sich die Verhältnisse – auch unter passiver Mithilfe derer, die noch über den Umkreis der erlaubten und gebotenen Gedanken hinausdenken. Es ist dieser festgefahrene Zustand, den die Flucht Heislers nachhaltig erschüttert.

3.2.3 Das Widerstandspotential gegen Verführung und Einschüchterung

Da das *Siebte Kreuz* die verschiedenen Elemente des Faschismus durch ihre kombinierte Wirkung auf die Humanität der Individuen und Gemeinschaften zu bestimmen sucht, erhält die Humanität einen eigentümlichen Doppelcharakter. Zum einen erscheint sie als beschädigte, ja in ihr Gegenteil verkehrte Menschlichkeit. Zum anderen aber bleibt die ›eigentliche‹ Humanität unter der Oberfläche, die der Erosion ausgesetzt ist, zumindest im Prinzip überall präsent und jederzeit freizusetzen. Dafür stehen die Romanfiguren, die sich dieser Erosion widersetzen. An ihnen wird auch die Frage aufgeworfen und beantwortet, wodurch die Freisetzung ihrer humanen Substanz veranlaßt werde.

Die Antwort ist paradox. Der Rückbezug einzelner auf ihre menschliche Substanz hat den gleichen Anlaß wie der generelle Verfall der Menschlichkeit, nämlich die Konfrontation mit der übermächtigen Gewalt des Faschismus. Das Paradox ist nicht aufzulösen, weil es ein Paradox der Gewalt selber ist. Es verweist darauf, daß Gehorsam und Anpassung zwar eine naheliegende, aber keineswegs die einzige Reaktion auf diese Gewalt darstellen, daß vielmehr in eben dieser Gewalt ein schlagender Grund vorliegt, die Unterordnung zu verweigern. Diese Verweigerung kommt im Roman nicht durch das intellektuelle Verfahren des Reflektierens und Schließens zustande, sondern durch intuitive Besinnung der Individuen auf eine im eigenen Inneren liegende Potenz. Sie wird am anschaulichsten an den Schlüsselerlebnissen der unmittelbaren Konfrontation mit der Gewalt. Diese Konfrontation geschieht bei Mettenheimer und Elli in den Gestapo-Verhören. In der Erzählung von Mettenheimers erstem Verhör heißt es:

> »Jeder Mensch, vor dem die Möglichkeit eines Unglücks aufgetaucht, besinnt sich sofort auf den eisernen Bestand, den er bei sich trägt. Dieser eiserne Bestand kann für den einen seine Idee sein, für den anderen sein Glaube, ein dritter gedenkt allein seiner Familie. [...] In diesem Augenblick wußte Mettenheimer, daß er doch noch etwas bei sich hatte, das Letzte für den äußersten Fall, seinen eisernen Bestand.« (98, 102)

Die analoge Darstellung Ellis findet sich in der Geschichte ihres nächtlichen Verhörs, dem die überfallartige Verhaftung ihres gegenwärtigen Freundes in ihrer Wohnung und eine erste Vernehmung vorausgegangen sind; sie ist aus Overkamps Perspektive formuliert:

»Overkamp hatte also sein ganzes Verhör richtig wie immer aufgebaut. Seine Fragen hatten aus Ellis Gedächtnis herausgebohrt, was sie herausbohren sollten. Nur war alles inwendig geblieben, in der Frau drin, die sanft und still vor ihm saß. Overkamp hatte den Eindruck, daß das ganze Verhör, wie sie das unter sich nannten, abgeknickt war. Das war der teuflische Punkt in den schönsten Verhören, an denen der beste Polizeimann stolpern kann: das Ich, statt sich endgültig aufzulockern, um zu zerfallen unter dem zermürbenden Geklopfe von tausend Fragen, zieht sich plötzlich in letzter Sekunde zusammen und festigt sich wieder. Ja, das Geklopfe, statt zu zermürben, festigt noch mehr.« (353)

Die gleiche Standhaftigkeit beweisen Paul Röder, Wallaus Frau und die Frau seines Freundes und Verräters Bachmann. Andere Personen entwickeln sie in weniger dramatischer Form, weil die faschistische Gewalt nur durch den Gedanken an sie gegenwärtig ist, so Pauls naive, ängstliche Frau, die schließlich der ihr zugefallenen Rolle bei der Rettung Heislers aus Überzeugung zustimmt, die Ehepaare Fiedler und Kreß und die Frau, die Georg in der letzten Nacht bei sich aufnimmt. Was die Kommunisten unter denen, die von der Flucht tangiert werden, auszeichnet, ist nicht in erster Linie politisch definiert. Sie legen ein quantitatives Mehr an moralischer Widerstandskraft und Leidensfähigkeit an den Tag, die ihnen durch die orientierende Bestimmtheit ihrer »Idee« und vor allem durch die Kontinuität zuwächst, mit der sie sie schon lange verfolgt haben. Sie wissen seit jeher und daher jetzt erst recht, daß das Bedürfnis nach einem ungestörten Glück in der privaten Intimsphäre und einem unkomplizierten menschlichen Miteinander zwar ein zutiefst verständlicher Wunsch ist, dessen Erfüllung aber diese Gesellschaft nicht gestattet – weder praktisch noch moralisch. In den Worten eines inneren Monologs, in dem Franz ein kleines Glück mit seiner alten Liebe Elli imaginiert:

»So, jetzt können wir Äpfel braten in unserem Ofen, würde er sagen. Hochzeit würden sie dann im November feiern mit Pfeifen und Flöten – draußen in der Griesheimer Siedlung putzen sie ihre zwei Zimmerchen aus. Wenn er dann morgens zur Arbeit ging, wußte er über den ganzen Tag weg, daß die Elli abends daheim war. Ärger? Abzüge? Antreiben? Abends in seinem sauberen Zimmerchen würde das alles von einem abfallen. [...] Fahnen raus? Abzeichen im Knopfloch? Gebt dem Hitler was des Hitlers ist. Laßt sie – Elli und er hatten Spaß an allem, was sie zusammen unternahmen [...] Nach und nach wird einem das Gehetz ein bißchen viel. Knurr nur nicht so laut, sagt die Elli, nur keine Scherereien, Franz – jetzt schon gar nicht. Denn sie erwartete jetzt ihr zweites Kind. [...] Franz sagte: Wenn das noch Kriegskinder gibt, danke. Diesmal weinte die Elli.« (253 f.)

Unter den gegebenen politisch-gesellschaftlichen Bedingungen entpuppt sich das Streben nach dem kleinen Glück unversehens als Weg in die allgemeine Misere, der es doch entfliehen wollte.

Derartige Ideologiekritik und Desillusionierung wird vornehmlich von den kommunistischen Figuren geleistet. Was sie aber veranlaßt, auf ihren »eisernen Bestand« zurückzugreifen, ist nicht ihr kritisches Bewußtsein, sondern, wie bei den anderen, die existentielle Konfrontation mit dem gewaltsamen Untergang. Dieser Grundgedanke ist an der Figur Heislers auf eine hyperbolische, kaum noch glaubwürdige Spitze getrieben. Georg, in der zivilen Zeit vor 1933 ein sprunghafter, unzuverlässiger Mensch, erhält 1933 eine Funktion in der subversiven Restorganisation der KP, wird verhaftet und legt im KZ die äußerste Widerstandskraft an den Tag, unter der Folter nicht den kleinsten Verrat zu begehen.

»Dutzende von Verhören hatte er hinter sich, Leiden und Qualen, wie sie sonst auf ein ganzes Geschlecht verteilt sind, über das ein Kriegszug hinweggeht oder sonst ein Verhängnis. Diese Qualen gingen noch weiter, morgen oder in der nächsten Minute. Georg wußte damals bereits, daß nur der Tod ihm helfen konnte. Er kannte die furchtbare Macht, die sich auf sein junges Leben geworfen hatte, er kannte aber auch seine eigene Macht, und er wußte jetzt, wer er war.« (141; vgl. 81)

Die ›Kraft der Schwachen‹, ein Motiv, das sich durch das gesamte Werk Anna Seghers' hindurchzieht, ist hier abgelöst vom Kampfbegriff der proletarischen Solidarität, die ein Mittel zur Durchsetzung des Interesses der Arbeiter sein sollte, und zu einer moralisch-psychologischen Größe geworden. »Eigene Macht« meint nunmehr die mittellose, aber eben deshalb bedingungslose Weigerung, sich in den schlechten Zwang zu ergeben. Nicht das bestimmte politische Bewußtsein, sondern die superlativische moralische Widerstandskraft gegen die Übermacht der Feinde macht die Kommunisten zur Avantgarde der gemeinsamen Sache der Menschlichkeit. Ganz abgesehen davon, daß in der Konfrontation mit der Übermacht des Nationalsozialismus die politischen Differenzen zwischen den Individuen mit KP-Vergangenheit, Röders eher sozialdemokratischen Anschauungen und den katholischen Traditionen der Familie Mettenheimer praktisch ohne jeden Belang sind: diese Differenzen sollen nicht einfach beiseitegestellt, sondern auf eine gemeinsame Menschlichkeit zurückgeführt werden, die sich am Mut zu einer eigenen freien Moralität erweist. Diese besteht in der Bewegung eines sich selbst erhaltenden Zirkels. Die Bedrohung des moralischen Selbst durch die Gewalt provoziert den Rückbezug auf dieses Selbst, und dieser Rückbezug verschafft dem Selbst noch unter den denkbar schlimmsten Bedingungen sogleich die Kraft zu widerstehen. Anders formuliert: Moralische Autonomie im emphatischen Sinn erweist sich als Grund und Ziel der Selbstbehauptung. Aus diesem Konzept erklärt sich auch die harmonie- und gemeinschaftsstiftende Kraft der Verweigerung von Anpassung, die am Ende zu fast komödienhaften Abschlüssen einiger individueller Handlungsstränge führt: Franz und Elli finden adäquate Partner, und in die Beziehungen der Paare Kreß und Fiedler kommt neues Leben. Die Verweigerung hat im falschen Leben »richtiges Leben wieder möglich« gemacht (Winckler 1981, S. 83).

3.3 Land und Leute als Gestalten der unerschütterlichen Menschlichkeit

Die Unerschütterlichkeit des Menschlichen wird von denen, die der Bedrohung durch den nationalsozialistischen Staat standhalten, durch Handlung an den Tag gebracht. Diese dynamischen Elemente ergänzt der Roman durch eher statische Zuständlichkeiten, die das Zeugnis der Verweigerungshandlungen unterstützen. Zu ihnen zählt das Familienleben der Marnets, das merkwürdigerweise von der politischen Gegenwart ganz unberührt ist. Vor allem aber ist die Schilderung der Landschaft, auch des Mainzer Doms, und der ihr zugeordneten Figuren wie des Schäfers Ernst, seiner Mutter und anderer Nebenfiguren anzuführen. Diese Schilderung taucht Land und Leute in das Licht eines regionalen Volksgeists, in dem untergründig diejenige humane Kultur weiterlebt, welche den Gegenpol zur faschistischen Herrschaft bildet.

Der Grund für die Ausweitung der Erzählung auf diese Sphären liegt in der generellen Erzählintention des Romans. Die analytische Durchleuchtung der faschistisch formierten Gesellschaft, die aus der Fluchtgeschichte entsteht, bringt als das Allgemeine dieser Formierung den universellen Verfall der Menschlichkeit zum Vorschein. Die Beweise behaupteter Menschlichkeit im KZ wie im feindlichen Inland nehmen sich dagegen, aufs Ganze gesehen, wie Ausnahmen von der Regel aus. Eine Introspektive von Fiedlers Frau, die wichtige Kurierdienste übernommen hat, wird von der Erzählung zu einem auktorial formulierten, sententiösen Abschluß gebracht:

> »Nur in Zeiten, in denen gar nichts mehr möglich ist, geht das Leben wie ein Schatten dahin. Doch in Zeiten, in denen das Ganze möglich wird, steckt schlechthin alles Leben und Zugrundegehen.« (396)

Wenn der Nationalsozialismus schon als eine letzte Entscheidung über das »Ganze« der Humanität aufgefaßt wird, was spricht dann im Deutschland von 1937 für die Annahme, daß diese Entscheidung noch offen sei? Anders ausgedrückt: Soll die Humanität der sich widersetzenden Minderheit nicht als verschwindende Größe, sondern als die immer noch vorhandene Substanz der Wirklichkeit erscheinen, bedarf das Ensemble der Handlungen um die Flucht eines Umfelds, in dem Menschlichkeit nicht als defensive, der Not abgetrotzte Selbstbehauptung, sondern als selbständige, durch den Faschismus nicht berührte Wirklichkeit erscheint.

Wenn am sonntäglichen Kaffeetisch der Großfamilie Marnet die alten Leute der Familie, eine Klosterschwester, zwei ehemalige Kommunisten, der »SA-Marnet« (430) mit einigen alten und neuen Bekannten friedlich beieinandersitzen, dann ließe sich diese Szene auch als untergründiges Bild für einen objektiven Zynismus auffassen: Einen Nachmittag in der Woche pflegen die Gefolgsleute der Herrschaft mit ihren wirklichen oder potentiellen Opfern gemütlichen Umgang, und diese verkehren mit den kleinen Mitherrschern wie mit ihresgleichen, weil und solange die menschlichen Regungen innerhalb der Familie die Machtstrukturen in der Gesellschaft nicht berühren. Das *Siebte Kreuz* macht aus diesem Tableau aber keine *Puntila*-Szene, die die Unvereinbarkeit der Gegensätze darstellt. Das gesamte Familienleben der Marnets soll, daran läßt die Erzählung keinen Zweifel, verstanden werden als ein Beispiel für eine Existenzform, die ihrem uralten, von der Natur und dem Herkommen vorgegebenen Rhythmus folgt und darin über alle zeitgenössischen Veränderungen erhaben ist. Die Erzählung verschweigt nicht, daß die Familie Marnet faktisch eine Notgemeinschaft ist und daß Franz das, was ihn wirklich bewegt, vor ihr verbergen muß. Sie behauptet aber zugleich, daß sie mehr und anderes ist.

»Überhaupt ist es schwer, in Marnets Küche Schauder zu verbreiten. Selbst wenn die vier Reiter der Apokalypse an diesem Apfelkuchen-Sonntag vorbeigestoben kämen, sie würden ihre vier Pferde an den Gartenzaun binden und sich darin wie vernünftige Gäste benehmen.« (431)

Diese erstaunliche Kraft zur humanen Zivilisierung wohnt einer Gemeinschaft inne, die deutliche Züge der Idylle trägt: Ein von vornherein enger Umkreis der Bedürfnisse wird zwanglos befriedigt – die Äpfel, neben dem Wein die Frucht der Region, erhalten dabei eine geradezu symbolische Bedeutung –, und die inneren Beziehungen im überschaubaren Kreis der Dazugehörigen sind nicht durch äußere Vorgaben, sondern durch gemeinschaftliche Tradition und individuelle Neigung bestimmt; der bescheidene Horizont dieser Konstellation gewinnt seine Bedeutsamkeit dadurch, daß jenseits der engumgrenzten Harmonie deren Gegenteil waltet, aber ausgegrenzt bleibt (Haas 1975, S. 49). In diesem Sinne soll das angstfreie Beharrungsvermögen im dörflichen Bezirk nicht als politische Naivität oder gar Borniertheit erscheinen, sondern als tiefe innere Stabilität. Sie wird als realer Zustand gerade dadurch plausibel gemacht, daß die Erzählung die idyllischen Züge nicht dick aufträgt – Gleichgültigkeit und kleine Gehässigkeiten werden nicht verschwiegen –, der Familiengemeinschaft insgesamt aber ein unerschütterliches menschliches Gelingen bescheinigt (211 f.).

Die mit mythischen Anklängen ausgestattete Figur des Schäfers Ernst bildet das menschliche Bindeglied zwischen dieser Gemeinschaft und der rheinhessischen Landschaft, die beschrieben wird, als sei in ihr die epochenübergreifende Macht der Humanität zu unerschütterlicher Materie geworden. Sein Blick über die Landschaft zwischen Taunus, Main und Rhein gibt der erzählenden Stimme die topologischen Stichwörter für ein historisches Gemälde dieser Region, die seit der Antike zu den Schauplätzen der Kämpfe zwischen den relevanten weltgeschichtlichen Mächten zählt (15-18). Die Geschichtsschilderung läuft auf die These hinaus, daß die nicht endenwollenden Kriege und sich ablösenden Gewalten nur die Oberfläche bildeten für eine Entwicklung humaner Zivilisation, die vom Kommen und Gehen der Mächte manchmal überdeckt, aber niemals vernichtet wurde. Das Hakenkreuz firmiert ausdrücklich als ein Feldzeichen jener Art, von welcher der große Fluß schon so viele »durchgespült« hat (18). Diese Geschichtsdeutung wird sehr früh vorgetragen, noch ehe die Schilderung von Heislers Flucht einsetzt. Sie konterkariert das Bild vom feindlichen Inland, das die Fluchtgeschichte zeichnet, und soll es einordnen: Die Realität der lebens- und humanitätsfeindlich formierten Gesellschaft ist nicht deren Wahrheit – Menschen und Landschaft hier und jetzt sind und bleiben Heimat der Menschlichkeit.

Diese starke Behauptung bekräftigt die Erzählung durch Heimaterlebnisse, die Georg auf seiner Flucht hat. Das wichtigste und am eindringlichsten geschilderte ergibt sich in der Nacht im Mainzer Dom. Zunächst ist es gar nicht sein Plan, sich dort zu verbergen – es ist gleichsam der Dom, der in die alte Aufgabe der Kirchen, Zufluchtsort der Verfolgten zu sein, eintritt und Georg birgt. Die beeindruckende Architektur des romanischen Bauwerks, die Grabmale der bischöflichen Kurfürsten, die Lichteffekte der Fenster und die religiösen Gemälde werden zum Spiegel von Georgs Seele. In ihnen nimmt zunächst seine Furcht Gestalt an, dann aber sein Bewußtsein, in einer epochenübergreifenden Menschengemeinschaft aufgehoben zu sein, die im Raum der Kirche einen von vielen Räumen hat.

»Er konnte noch immer von seinem Platz aus den Mann am Eckpfeiler erkennen. Trotz der Dunkelheit war das Gesicht von weitem eher noch klarer. Auf den gekrümmten Lippen das letzte, das äußerste Angebot: Friede statt Todesangst, Gnade statt Gerechtigkeit.« (85)

Der »Mann am Eckpfeiler« ist ein Marmordenkmal, das der Flüchtling beseelt, indem er zuerst seinen Schrecken, jetzt aber seine Hoffnung darin erkennt. Lebendig wird ihm auch das Bild der Kreuzigung, eines der »Bilder des Lebens« (90), die durch den Lichtschein von den Kirchenfenstern ins Innere des Baus projiziert werden. Dieses Bild bezieht er auf sich zurück und entnimmt ihm einen erlösenden Trost:

»Alles, was das Alleinsein aufhebt, kann einen trösten. Nicht nur was von andern gleichzeitig durchlitten wird, kann einen trösten, sondern auch was von andern früher durchlitten wurde.« (90)

Zwei Erzählabschnitte weiter, an der Stelle, an der die zweite Fluchtetappe beginnt, resümiert Georg die Bedeutung seines Heimaterlebnisses im Dom:

»Wie er sich aufrappelte und, an die Mauer gelehnt, verhungert und elend gegen den Markt sah, den man gerade unter den Laternen im Nebel aufbaute, da schoß es ihm heiß durchs Herz, als werde er doch auch zurückgeliebt, trotz allem, von allen und von allem, wenn auch vielleicht zum letztenmal, mit einer schmerzlichen, hilflosen Liebe.« (197 f.)

Mit dem Bekenntnis eines unerschütterlichen Urvertrauens zu »allen und allem« interpretiert er das Land, das ihm feindlich nachstellt, als seine Welt. Die Erzählung bezieht hier ihre Plausibilität aus dem Paradox, daß manchmal das Kontrafaktische das Glaubwürdigste sein kann, und setzt damit Georg als den wichtigsten Zeugen dafür ein, daß die Hoffnung, die Humanität mache die Substanz aller Wirklichkeit aus, durch praktische Widerlegungen nur gestärkt werden kann.

3.4 Mythische Elemente

Handlungs- und Bildelemente aus dem mythisch-religiösen Bereich durchdringen den ganzen Roman. Vor allem der Vorstellungswelt der christlichen Religion sind viele Metaphern entnommen, die in die Schilderungen und Berichte eingeflochten sind. So wird der durchgeblutete provisorische Verband, den Georg im Dom zurückläßt, als »sein Kittel, in dem er Blut geschwitzt hatte«, gedeutet (121). Franz sieht den verfolgten Freund im Traum als den die Gewissen aufrüttelnden Schmerzensmann (148). Die Christus-Vergleiche kennzeichnen Heisler als einen, der alle Leiden auf sich konzentriert, auf den deshalb auch alle Hoffnungen gerichtet sind. Der Mainzer Dom figuriert zugleich als archaischer Schutzraum und als Denkmal christlicher Hochkultur, in dessen Passionsbildern der Flüchtling »alle Bilder des Lebens« (90) erblickt. Das Symbol der sieben Kreuze, an welche die gefaßten Ausbrecher zum Zwecke der Abschreckung gefesselt werden, geht im Roman auf einen Einfall Fahrenbergs zurück. Seine Weise, das christliche Symbol schlechthin aufzubieten und es in ein blasphemisches Zeichen seiner maßlosen Rachsucht zu verwandeln, kennzeichnet ihn selbst als eine Macht der Finsternis, als antihumane Kraft schlechthin, und statt eines Triumphzeichens schafft er ein Symbol, durch das die Rettung in der Hölle selbst präsent ist. Die christliche Mythologie ist die wichtigste, aber nicht die einzige mythische Sphäre, die das *Siebte Kreuz* in die Gegenwart des Deutschland von 1937 einbringt. Durch Ernst, den jungen Mann mit dem archaischen Beruf des Schäfers und dem elementaren Unwillen zur Anpassung, ist die Sphäre der Marnet-Familie angebunden an Weltbilder und Erlösungsvorstellungen, die älter sind als das Christentum: Im universalen Geschichtsgemälde, dem Ernst den Blick leiht, ist die Tatsache, daß in der historischen Landschaft der Mithras-Kult gepflegt wurde, von gleicher Bedeutung wie der Umstand, daß Bonifatius von Mainz aus gewirkt hat. Der Roman suggeriert, daß die idyllisch-intakte Gegenwelt zur faschistisch formierten Gesellschaft, die Marnet-Familie, auf einer mythisch strukturierten Grundlage supraepochaler Dauer beruhe, und die Fluchtgeschichte Heislers entwickelt Anklänge an die christliche Heilsgeschichte vom stellvertretenden Leiden eines einzelnen zur Erlösung aller.

Das ist mehr als nur ein behutsamer und respektvoller Umgang mit der christlichen Überlieferung, den Inge Diersen dem Roman attestiert (Diersen 1972, S. 117). Das *Siebte Kreuz* spricht den Mythen Geltung zu, und zwar in der doppelten Bedeutung von Wahrheit und Wirksamkeit. Freilich gelten sie nicht im inhaltlich-dogmatischen Sinn. Der Roman versucht nicht, mythische Welterfassung und christliche Weltsicht zu einer neuen Mythologie zu synthetisieren, er spielt nicht den Mythos sozusagen probehalber als möglicherweise tragfähige Geschichtserkenntnis durch und er propagiert nicht die Transzendenzvorstellungen christlich-jüdischer Religion. Solche Versuche sind in der Exilliteratur nicht gerade selten – man denke nur an Hermann Brochs *Tod des Vergil*, Thomas Manns *Josephs*-Trilogie und Alfred Döblins Wende zum Christentum. Ihnen schließt das *Siebte Kreuz* sich nicht an. In diesem Roman ist die Mythologie nicht das ›Wort‹, nicht die Botschaft, sondern das Medium, die Sprache, in der etwas sich ausdrückt, das noch vor dem spezifischen Geheimnis eines Mythos oder der christlichen Erlösungsgeschichte liegt. Es ist die hartnäckig sich behauptende Humanität, die sich in den Mythen und Religionen einen bildhaften Ausdruck schafft, um sich ihrer selbst bewußt zu werden.

Der Bezug, den das *Siebte Kreuz* auf die Mythologie nimmt, bleibt zwiespältig. Der Roman begibt sich nicht selber auf den Boden des Mythos, sondern zitiert ihn. Zugleich aber soll der Mythos mehr sein als ein bloßes Zitat. In ihm sollen die irrationale Gestalt, der rationale Gehalt und die gediegene Realität des Menschlichen zusammenfallen und ein Urvertrauen in die Geschichte begründen: in der Weltgeschichte der Mythen soll die Gewißheit liegen, daß die Humanität der Weltgeschichte der Gewalten unerschütterlich standhalte. In diesem Bezug auf die Mythologie meldet sich eine Hoffnung auf den Fortschritt der Humanität, die sich selber schon auf ihren defensiven Kern reduziert hat – es geht ihr nicht um den Sieg, sondern um die Vermeidung der endgültigen Niederlage –, und interpretiert weniger den Mythos als vielmehr sich selbst: die Hoffnung soll kein ohnmächtiger, bloß subjektiver Wunsch sein, sondern die materiell wahrnehmbare Realität einer weltimmanenten Ordnung der Humanität, unzerstörbar wie die Natur (Haas 1975, S. 52).

Diese Projektion einer Hoffnung, die in der zeitgenössischen Wirklichkeit offenbar nur noch wenig reale Anhaltspunkte findet, auf den Mythos, verweist auf die historische Situation, in der das *Siebte Kreuz* entstand. Sie verweist zugleich auf das poetologische Selbstverständnis der Schriftstellerin Anna Seghers. Sie gesteht der bildhaften Welt- und Selbstinterpretation des Mythos eine derart gediegene Substanz zu, daß ihr Zeugnis gewichtiger wird als das der rationalen Analyse von Geschichte und Gegenwart, welche die humane Hoffnung nicht mehr zu decken vermag. Sie reproduziert in ihrem Roman die poetischen Bilder der Mythen, weil sie selbst davon überzeugt ist, daß poetische Bilder wirklicher und wirksamer sind als alles theoretische Kopfzerbrechen darüber, welche Chancen der Faschismus einer Humanität noch läßt, die sich als Gegenposition zu ihm aufbaut.

3.5 Der Erzählstil

Der »fast klassische Eindruck lebendig gegliederter Totalität, den der Roman erzeugt« (Rotermund 1981, S. 66), kommt durch zwei gegenläufige Kompositionsprinzipien zustande, die sich zugleich ergänzen. Der Erzählstil bedient sich durchweg der »szenischen Darstellung« (Schlenstedt 1973, S. 397), die das Geschehen in selbständige szenische Einheiten differenziert, ja manchmal geradezu fragmentiert. Dadurch entstehen gegeneinander abgesetzte szenische Momentaufnahmen diskoninuierlichen Inhalts. Diese Fragmentierung der epischen Kontinuität wird durch Integrationstechniken ergänzt, die den inneren Zusammenhang der Teile episch realisieren. Dieter Schlenstedt hat die Technik der Differenzierung und Integration einer genauen Untersuchung unterzogen und dabei drei erzähltechnische Prinzipien ermittelt:

»Erstens sind die szenischen Komplexe durch die ständigen Unterbrechungen von relativ geringem Umfang; die Vermittlung des Geschehens um eine Figur oder Figurengruppe erfolgt diskontinuierlich (*Portionsprinzip*). Zweitens entsteht durch die stete, dem Zeitverlauf folgende Wiederaufnahme der Darstellung des Geschehens um eine Figur oder Figurengruppe ein fortschreitender Handlungsverlauf in den einzelnen Bereichen (*Strangprinzip*). Drittens bewirkt die Abfolge von Szenen, die gleichzeitig oder vorzeitig angesiedelt sind, eine Komplizierung des narrativen Vorgehens: Nicht alles, was im Text folgt, ist später als das, was ihm vorausgeht. Dies erzeugt die Vorstellung von Breite und Vielfalt der Umwelt jedes dargestellten Augenblicks (*Simultaneitätsprinzip*).« (Schlenstedt 1973, S. 397 f.)

3.5.1 Die epische Differenzierung

Die poetologische Besonderheit des *Siebten Kreuzes* liegt nicht schon darin, daß der Roman eine Vielfalt von Personen und Schauplätzen präsentiert, diverse Handlungsstränge, untergeordnete wie relativ gleichberechtigte, zusammenflicht oder Retrospektiven einfügt, welche Geschehnisse aus anderer Zeit oder von anderem Ort in die Erzählung einbringen. All das findet sich auch in der ›klassischen‹ Romankunst von Wieland bis Fontane. Der qualitative ästhetische Differenzpunkt liegt in dem, was seit Hegel die Darstellung der Wirklichkeit als *Totalität* heißt: Im emphatischen Verständnis dieses Begriffs hat er nicht die Bedeutung, daß ein Roman sich in alle wichtigen Realitätsbereiche hineinbegebe, sondern er besagt, daß alle Geschehnisse und Zustände, welche die Erzählung zusammenführt, von einem gemeinsamen übergeordneten Sinn durchdrungen sind. Auf solche Totalität ist der traditionelle Roman angelegt. Hier fungieren die verschiedenen Schauplätze diverser Handlungsstränge, die Figurenvielfalt, die geschilderten äußeren Umstände usw. als die Außenseite eines Gesamtgeschehens, dessen Endzweck im Gelingen des Verhältnisses besteht, das der Protagonist zu seiner Umwelt und dadurch zu sich selbst eingeht. Wird dieses Ziel erreicht, präsentiert sich ihm die Wirklichkeit als sinnvoller Zusammenhang seiner Welt, in der er, wie er ist bzw. inzwischen geworden ist, seinen Platz hat. Der Protagonist mag dieses Ziel sogar verfehlen, kann aber dennoch als negativer Zeuge für die durchgängige Sinnhaftigkeit der Wirklichkeit fungieren. Totalität in diesem emphatischen Sinn ist Anna Seghers' Roman von vornherein unmöglich. Das liegt an der Wirklichkeit, die den Gegenstand der epischen Auseinandersetzung abgibt. Zwischen der nationalsozialistischen Gewalt und ihren Opfern ist eine Vermittlung nicht mehr denkbar. Die Vorstellung einer ideellen Ordnung, durch die alle Beteiligten zu ihrem Recht kämen und sich zu einem sinnvollen Ganzen ausgleichen könnten, ist an der faschistisch formierten Gesellschaft nicht darstellbar, es sei denn als groteske Selbsttäuschung oder als freche Lüge.

Die Fragmentierung des Geschehens im *Siebten Kreuz* ergibt sich denn zunächst aus dem politisch-inhaltlichen Umstand, daß der Roman einen absoluten

Gegensatz entfaltet. Dem trägt die Fluchtgeschichte in stofflicher Hinsicht Rechnung: Der maßlose Machtanspruch und gnadenlose Verfolgungswille des Nationalsozialismus wird dadurch auffällig gemacht, daß sich Individuen, die unter diesem Regime ohnmächtig und vereinzelt sind, ihm widersetzen und sich zu einer singulären Rettung subversiv zusammenschließen. Die Fluchtgeschichte dissoziiert ein und denselben Vorgang stofflich in zwei Geschichten, deren Akteure im äußersten Gegensatz gegeneinander wirken. Den Umstand, daß die abgebildeten Zustände aus Brüchen und Gegensätzen ›zusammengesetzt‹ sind, faßt die Erzählung aber nicht nur gegenständlich auf. Sie findet sich in die Antagonismen des Stoffs ein, um sie herauszustellen, aber zugleich postuliert sie Aufspaltung und Opposition als ein poetisches Prinzip, das dem Roman beides zugleich ermöglicht: den Stoff zu erhellen und sich seiner ästhetisch zu bemächtigen.

Die einzelnen Handlungsstränge sind, für sich betrachtet, aus einer Folge von Situationen komponiert, die nicht kontinuierlich auseinander hervorgehen, sondern diskrete Stationen eines stets erneuerten Bemühens um den Erfolg einerseits der Gewalt, andererseits der humanen Selbstbehauptung darstellen. Die Erzählung vollzieht die Abfolge dieser Stationen nach, indem sie den Fortschritt des einen Handlungsstrangs dauernd durch den Fortschritt der anderen unterbricht. Sie verzichtet vollkommen auf Verknüpfungen, die die innere Bedeutung der abgeschlossenen oder der neu eröffneten Szene auktorial erläutern würden. Die Reihung der Szenen, die so entsteht, löst die epische Linearität auf, um die gegensätzlichen Akteure stets aufs Neue zu konfrontieren. Das Umschalten von einem Handlungsstrang zum anderen und die Einblendung von Nebenhandlungen erfolgt nicht nach dem ›organischen‹ Grundsatz, daß der Leser über eine faktische oder psychologische Voraussetzung für das weitere Geschehen unterrichtet werden muß, sondern nach einem ›mechanischen‹ Prinzip, dem der Gleichzeitigkeit: Die Folge der Szenen ist so arrangiert, daß nebeneinander steht, was etwa zur nämlichen Tageszeit sich ereignet hat. In diesem Nebeneinander gibt es keine Hierarchie der Berichte – etwa nach dem Muster: zuerst die Flucht, dann ihr Umfeld. Die traditionelle Funktion von Einschüben als retardierende und dadurch spannungssteigernde Elemente wird teils gewahrt, teils überspielt. Im ersten Kapitel erfährt der Leser gleich zu Beginn die Tatsache der Flucht, aber ehe die Fluchterzählung anhebt, wird er in den Alltag von Franz und mit dem Schäfer Ernst in die Geschichtsträchtigkeit des Schauplatzes eingeführt. Hier kommt der Retardierung eine eindeutige Funktion für die Fluchtgeschichte zu: die Einschübe schaffen den aktuellen und den historischen Bedeutungsrahmen für die Spannung auf den Fortgang von Heislers Flucht. Anders im zweiten Kapitel. Die Ausdehnung der polizeilichen Verfolgung auf den noch ahnungslosen Mettenheimer, die hier der Fortsetzung von Heislers Flucht voransteht, verzögert nicht in einer auf dessen Geschichte kalkulierten Weise die Spannung, sondern führt ein neues, selbständiges Spannungselement ein, welches das eigenständige Interesse an einem weiteren Schicksal begründet.

Was für das Verhältnis der Szenen in der Makrostruktur gilt, läßt sich auch von der Mikrostruktur der einzelnen Szenen sagen. Sie sind weitgehend aus dem Binnenraum, aus der Perspektive von Beteiligten, geschildert, wobei die Perspektiven häufig wechseln und ohne Vermittlung nebeneinander stehen. Das Bild komplettieren dingliche Wahrnehmungen, die meist Wahrnehmungen einer Person sind, ohne daß sich stets bestimmen ließe, welcher Person, und Dialogstücke. Als Beispiel möge eine Passage aus der Szene genügen, in der Elli im KZ mit Heisler konfrontiert wird; der Besuch ist von seinen Bewachern arrangiert, und zwar aus der Berechnung, die menschliche Begegnung könne die Hartnäckigkeit, mit der Georg den Verrat der politischen Freunde verweigert, aufweichen. Elli erkennt den übel zugerichteten Georg zunächst kaum wieder, und ihm geht es mit ihr ebenso:

»Er starrte Elli an. Sie war für ihn ein ebenso sonderbares Geschöpf wie er für sie: ihr aufgeschlagenes Filzhütchen, ihr geringeltes Haar, ihre Ohrringe. Er beobachtete sie. Er begann sich darauf zu besinnen, was sie früher mit ihm zu tun gehabt hatte, wenig genug. Fünf, sechs Paar Augen spähten dabei nach jeder Regung in seinen Zügen, die von den letzten Faustschlägen noch entstellt waren. Ich muß diesem Mann etwas sagen, dachte Elli. Sie sagte: ›Dem Kind geht es gut.‹ Er horchte auf. Sein Blick bekam Schärfe. Was konnte sie damit gemeint haben? Sie hatte sicher etwas Bestimmtes gemeint, sie brachte vielleicht eine Botschaft. Er hatte Angst, daß er zu schwach war, den Sinn zu verstehen. Er sagte fragend: ›So?‹ Sie hätte ihn jetzt doch an seinem Blick wiedererkannt. Er heftete sich so stark und heiß wie das erstemal auf ihren halb offenen Mund. Welch eine Nachricht kam jetzt heraus, um mit Kraft und Spannung noch einmal sein Leben zu erfüllen? Sie sagte nach einer langen quälenden Pause, in der sie wohl nach den richtigen Worten gesucht hatte: ›Es kommt schon bald in den Kindergarten.‹ – ›Ja‹, sagte Georg. Wie quälend war das, in seinem morschen Kopf so rasch und scharf denken zu müssen.« (142 f.)

Ein merkwürdiger Dialog zwischen ehemals Liebenden. Der Mann konzentriert seit Monaten seine ganze verbliebene Lebenskraft auf die Anstrengung, seine Geheimnisse aus dem politischen Untergrund zu wahren, und kann sich in dieser äußersten Konzentration gar nicht vorstellen, daß hier jemand anderer vor ihm steht als der Kurier einer geheimen Botschaft. Die Frau versucht mit aller Kraft, in dem geschundenen, zerstörten Menschen, der vor ihr steht, den wiederzuerkennen, den sie einmal liebte. Diese Situation ist vergegenwärtigt durch den einsilbigen Dialog und die Wiedergabe der Bewußtseinsbewegungen, die – als erlebte Rede und bruchstückhafter innerer Monolog festgehalten – um so härter gegeneinandergesetzt werden, als die Personen vollkommen aneinander vorbeidenken und -sprechen. So wird das Erzählverfahren elliptisch: weshalb Georg in Ellis Äußerungen Botschaften vermutet, was ihn also bewegt, muß der Leser aus dessen befremdlichem Verhalten erst erschließen. Nahe an der Ellipse liegt auch die Charakterisierung pars pro toto – »sechs Paar Augen« für sechs Bewacher, die auf jedes Weichwerden Georgs lauern. Die Qual der ganzen Situation ist nicht kommentierend verdeutlicht. Die Anstrengung der epischen Vergegenwärtigung geht vielmehr dahin, diese Qual durch die Addition getrennter Perspektiven und Gegenstandswahrnehmungen zu objektivieren. Das Verständnis des Lesers für den Realitätsausschnitt wird nicht durch einen Erzähler, der einen Gesamtsinn des Geschehens vor Augen hat, gelenkt und verbürgt. Seine Bereitschaft zum Verständnis wird provoziert durch eine Unmittelbarkeit der Wahrnehmung, die auf Authentizität pocht.

Im Erzählstil des *Siebten Kreuzes* stehen Objektivierung und Subjektivierung übergangslos nebeneinander. Die Tendenz zur authentischen Objektivierung führt zur Verwendung von Zitaten (81, 292) bzw. dazu, daß – namentlich programmatische – Äußerungen als ›bloße‹ Zitate angeführt werden: Sie werden durch die Zurückführung auf eine subjektive Perspektive relativiert, zugleich aber zu authentischen Zeugnissen aufgewertet (183). Die Subjektivierung, stilistisch durchgeführt mit den Mitteln der erlebten Rede und des inneren Monologs, führt häufig dazu, daß das Objektive einer Situation sich in die Bedeutung auflöst, die sie für das wahrnehmende Subjekt hat. Die Tendenz der Subjektivierung nähert sich dort derjenigen zur Objektivierung, wo der Zustand des Bewußtseins als Zustand des Körpers beschrieben wird (die Charakterisierung einer Person durch Beschreibung der Augen 77, 89, 415, 451 passim) und wo Bewußtseinsbewegungen sich zu einem inneren Drama ausgestalten, das wie ein gegenständlicher Vorgang beschrieben wird. Das gilt für Traumerzählungen (z. B. 410 ff.), aber auch für die Darstellung des wachen Bewußtseins:

»Wo kam der Mann her? Warum kam er so spät? Er ist verstört. Verändert ist er schon lange. Seitdem er damals plötzlich entlassen wurde, ist er verändert. Wie sie sich damals freute und schrie, war es in seinem Gesicht leer und müd. Willst du denn selbst, daß es ihm geht wie Wallau? Nein, will die Bachmann denken. Doch eine Stimme, die viel, viel älter ist als die Frau und zugleich viel jünger, hat schon erwidert: Ja, das wäre besser. Ich kann sein Gesicht nicht aushalten, dachte die Frau.« (155)

Der innere Monolog ist derjenige der Frau Bachmann, die ahnt, daß ihr Mann im Gestapo-Verhör Wallau verraten hat, und die ihre äußerste Mißbilligung des Verrats als Empfindung der Ablehnung gegen die geliebte Person erfährt. Die assoziativ voranschreitende innere Rede der Frau kulminiert in der Vergegenständlichung der metaphorischen Redeweise von der inneren Stimme, durch die das bessere Ich spricht. Das innere Drama zwischen dem privaten Wunsch nach Rettung ihres Mannes und der Stimme, die den Preis der Rettung – den Verrat – zurückweist, enthält einen Konflikt von hohem moralischem Pathos. Die Erzählung drückt den Konflikt, nicht aber dessen Pathos aus und macht die Entscheidung des moralischen Gegensatzes nur am Resultat, der unmittelbar gefühlten Gewißheit der Frau vorstellig, die ihren Mann nicht mehr »aushalten« kann. Dieses innere Drama hat eine moralische und eine psychologische Folgerichtigkeit, die aber nicht expliziert wird. Diese Manier, jegliches moralische Pathos zurückzunehmen, ist ein generelles Stilmerkmal des Romans. Dadurch, daß die entscheidenden Motive implizit bleiben, erhält der Vorgang den Charakter einer *Geste*. Dieses Darstellungsmittel vergegenwärtigt einen komplexen (inneren) Vorgang in einer einfachen, demonstrativen Handlung, die eine nicht nur diesem Individuum zukommende Haltung offenbart. Die Geste der Frau wird sogleich ergänzt durch eine gestische Handlung des Mannes, aus der hervorgeht, daß er die Haltung seiner Frau als moralisch gültig empfindet:

»Als hätte der Mann das gehört, stand er auf und ging ans Fenster, mit dem Rücken zum Zimmer, obgleich der Laden heruntergelassen war.« (155)

Bachmann verurteilt seinen Verrat selbst und sieht sich menschlich am Ende – dieser innere Vorgang wird nunmehr durch die äußere Schilderung einer für sich sinnlosen Handlung anschaulich.

Die gestische Darstellung verschafft der Szene eine exemplarische Bedeutung, die auf die allgemeine Lage verweist: Auf die Entscheidungsfrage, ob durch Unterwerfung die physische Existenz zu retten oder diese der moralischen Selbstbehauptung zu opfern sei, gibt es zwei mögliche Antworten, und beide werden in der zitierten Szene vorgeführt. Ihr Exempel bleibt nicht das einzige, da die Methode, das Leben unter dem Faschismus durch die Kombination gestischer Handlungen zu charakterisieren, zu einer Sequenz von Szenen führt, die im Prinzip unabschließbar ist. Auch der Differenzierung der Beweisführung durch die Erweiterung des Personals sind keine prinzipiellen Schranken gesetzt. So treten denn jeden Tag neue Figuren in die Handlung ein, und da alle auf gleiche Weise dargestellt werden, verwischt sich der Unterschied von Haupt- und Nebenfiguren; die Hierarchisierung der »Sinnträger« entfällt zugunsten eines gleichmäßigen Interesses für alle Realitätspartikel, deren Summe die Wirklichkeit der faschistisch formierten Gesellschaft ausmacht.

Die Mittel der epischen Differenzierung sind meist dem Arsenal avantgardistischer Schreibweisen entnommen, die namentlich der Großstadtroman der 20er Jahre entwickelt hat. Sie zielen auf die Auflösung eines übergeordneten, ideell nachvollziehbaren und daher zustimmungsfähigen Zusammenhangs, die Schriftsteller wie Dos Passos und Döblin als adäquate literarische Antwort auf die entfremdete Wirklichkeit der kapitalistischen Großstadt erschien. Diese Auflösung stellt für Anna Seghers aber nicht das letzte Wort dar, das sich über den Faschismus sagen ließe, sondern ist für sie ein Darstellungsmittel, dessen Eigensinn sie sich nicht unterordnet. Das *Siebte Kreuz* entwirft eine über den Faschismus hinausführende Perspektive, und der Roman behauptet sogar, daß diese Perspektive in der nationalsozialistisch formierten Realität vorhanden und wirksam sei. Diese These über das Objekt ihrer Darstellung ist nicht nur von politisch-materiellem Belang. Das Bemühen, der politischen Hoffnung einen ästhetisch gültigen Ausdruck zu verleihen, macht sich namentlich bei der epischen Integration der Bewußtseins- und Realitätsfragmente geltend. Die Methoden der Integration verschaffen der Erzählung einen ästhetisch-immanenten Zusammenhang, dessen jede poetische Prosa bedarf. Zugleich leisten sie mehr als das. Sie sind auf den ästhetischen Gesamteindruck abgestellt, der der historischen These des Romans entspricht.

3.5.2 Die epische Integration

Anders als in *Manhattan Transfer* – dem Roman von Dos Passos, den Anna Seghers am meisten schätzte – zersetzt die Fragmentierung der Erzählung nicht die Einheit von Ort, Zeit und Handlung. Die Einzelszenen sind durch die Fluchtgeschichte miteinander verkoppelt und deren Rhythmus gemäß arrangiert (vgl. Kap. 3.1): Überwiegen zunächst die Erfahrungen von Ohnmacht und Gewalt, so treten in der zweiten Etappe der Flucht die Entscheidungen zur Verweigerung der Unterwerfung und die damit verbundenen Realitätsbeweise behaupteter Humanität in den Vordergrund. Die Montage der Wirklichkeitsfragmente im *Siebten Kreuz* setzt der Form nach jede sinnhafte Teleologie außer Kraft, dem Inhalt nach aber arrangiert sie jene Fragmente dergestalt, daß sie zugleich einen sinnhaften inneren Zusammenhang aller Ereignisse suggerieren.

Zu dieser Suggestion trägt neben der Montage auch die Erzählstimme bei. Diese Stimme führt die Erzählung nicht, sondern zitiert und arrangiert innere wie äußere Vorgänge. Zudem ist sie in vielen Einmischungen präsent, die zum Auktorialen tendieren, auch wenn sie meist sehr subtil ausfallen. Wenn der KZ-Kommandant aus dem Fenster starrt, ohne draußen etwas wahrzunehmen, und die Bedeutung dieses Blicks in der Formulierung: »die rechte Aussicht für eine nicht vorhandene Zeit« erläutert wird, dann ist noch nicht ausgemacht, ob in diesem epigrammatischen Abschluß der inneren Szene Fahrenberg oder ein Dritter spricht (32). Wenn die Fortsetzung aber lautet: »Kein Gedanke daran, daß dieses Nichts immerhin etwas war: dicker Nebel«, dann spricht eindeutig nicht der SA-Führer, sondern jemand, der anders sieht als er und daher im Nebel anderes wahrnimmt, nämlich eine kleine Gunst der Natur für die soeben Ausgebrochenen.

Deutlicher fallen die Einmischungen dort aus, wo – oft in einem einzigen Satz – die Figurenperspektive ins Historische ausgeweitet wird (z. B. 148, 155, 333). Generell tendiert die Erzählstimme zu der Position, die im epischen Rahmen als die Perspektive des Wir der KZ-Häftlinge formuliert ist. Aber die Eingangs- und Schlußerzählung ist als Referat einer im KZ lokalisierten Gemeinschaft vorgetragen, und wo dieses Wir im Verlauf des Romans wieder zur Sprache kommt, da ist dieses Referat ausdrücklich als Zitat gekennzeichnet (181 ff.); hier wie an ähnlichen Stellen wahrt die Stimme zur Perspektive, mit der sie sympathisiert, eine formelle Distanz. Auf der anderen Seite, derjenigen der Agenten faschistischer Herrschaft, trägt sie die Verurteilung der Gewalt nicht in der Form des Kommentars vor, der auf den Kommentierenden und seine persönlichen Werte zurückweisen würde, sondern durch deren unkommentierte Wiedergabe, die darauf beharrt, daß es keiner besonders hochstehenden Werte bedarf, um zu verurteilen, was hier geschieht. Die übelsten Gewaltakte wie die Ermordung Wallaus werden nicht als gegenwärtige Gewalt, sondern in personaler Vor- und Rückschau vergegenwärtigt. So verweigert die Erzählstimme dieser Gewalt das affirmative Moment des Sensationellen.

Der Erzählstimme im *Siebten Kreuz* ist es offenbar weder darum zu tun, eine Position innerhalb des Romans einzunehmen, noch findet sie sich bereit, eine Botschaft auszusprechen, die das Erzählte als epische Verfügungsmasse eines über dem Geschehen stehenden Subjekts einordnet. Sie verweigert dem Roman ein personal identifizierbares Bewußtseinszentrum, weil sie den Schrecken nicht durch Deutung abmildern und an Stellen, an denen Humanität praktiziert wird und Hoffnung aufscheint, nicht Humanität und Hoffnung predigen will. Sie beharrt auf einer Darstellungsform, die mit dem Terror und mit dem humanen Gegensatz zu ihm wie mit einem Unausweichlichen konfrontiert. Dabei verfährt sie wie Hemingway in seinen Texten aus dem spanischen Bürgerkrieg. Sie trennt das moralische Pathos der Humanität vom Selbstbewußtsein der Figuren und verweigert ihm auch einen auktorialen Stellvertreter, um es indirekt um so nachhaltiger zur Geltung zu bringen. Die ›Sachlichkeit‹, die sie wahrt, hat nichts mit der Haltung unbeteiligten Beobachtens zu tun. Im Gegenteil: sie unterstreicht, daß niemand, auch die erzählende Stimme nicht, über dem steht, was sie schildert.

Die diesem Anliegen adäquate Sprache gibt sich nachdrücklich unprätentiös und verleugnet die Formulierungskunst, derer sie sich befleißigt. Auffällig sind der sparsame Einsatz von hypotaktischen Satzkonstruktionen, das Vorwiegen der Parataxe und der Erweiterung durch Apposition und Parallelismus, die Verwendung mundartlicher Ellipsen (»Hermann sah sich den Mann an; war einer von denen«; 308), der häufige Tempuswechsel zwischen den Vergangenheitsformen und dem Präsens, durch die alle Stufen der Vergangenheit ins Jetzt der Szene geholt werden, und die Verwendung sprachlicher Regionalismen in Wortwahl und Grammatik, welche die Distanz literarisch gestalteter Prosa zur Alltagssprache dementieren, oder besser: die poetische Produktivität und den eigentümlichen Rhythmus der authentischen Volkssprache zum Vorschein bringen will. Kurz: Die Sprache weist eine Stilisierung auf, die als Verweigerung jeglicher Stilisierung kenntlich ist und die wenigen Aufschwünge ins Sententiöse um so deutlicher hervorhebt: »Jetzt sind wir hier. Was jetzt geschieht, geschieht uns.« (18)

Das ›Unliterarische‹ der Sprache hat nichts mit einer dem Proletkult analogen Verklärung der Denk- und Sprachformen des Volks zu tun. Die erzählende Stimme gibt die Regie über die Äußerungen der Personen nicht ab, auch wenn sie sich in deren Perspektive hineinbegibt. In die subjektnah formulierten Hinsichten auf innere und äußere Vorgänge bringt sie ein Geflecht von Bildbeziehungen ein, das die diversen Binnenperspektiven sprachlich miteinander verknüpft. Reale Gegenstände, die im Zusammenhang einer Person immer wieder auftauchen, erhalten den Status symbolischer Leitmotive – so z. B. das Gewirr der elektrischen Leitungen in Fahrenbergs Zimmer oder die Äpfel, um die sich bei den Marnets gegenwärtig alles dreht und die es Franz zugleich erlauben, Kontakt zu Elli aufzunehmen. Bezeichnenderweise sind es Kleidungsstücke, die bergen und verbergen, um die ganze Abschnitte der Handlung gruppiert sind: die Jacke des jungen Helwig, Bellonis Mantel. Figuren der Handlung werden durch scheinbar sachlich-äußerliche Personenbeschreibungen aufeinander bezogen, indem die Metapher von den Augen als Fenster der Seele zur Anwendung kommt und Glanz oder Farbe der Augen Auskunft über Verbindung und Gegensatz der Individuen geben. Von besonderer Bedeutung sind die religiösen und mythischen Metaphern.

Sie halten die Verbindung des vielfältigen Geschehens zur einen Hoffnung aufrecht, die ihm als These zugrunde liegt. Oft genügt der erzählenden Stimme eine kleine Wendung, um die Sinneswahrnehmung einer Person mit symbolischer Bedeutung aufzuladen, ohne an der Sinnlichkeit des Bildes und an der Subjektivität der aktuellen Perspektive etwas wegzunehmen. Als Georg sich auf das Schiff begibt, das ihn ins rettende Ausland bringen wird, blickt er über den Rhein auf die Stadt Mainz und schließt mit einem zugleich äußeren und inneren Bild den Kreis zur ersten Schilderung des historisch-mythischen Raums:

»Der Regen hing in Strängen über der Stadt auf dem anderen Ufer. Sie schien bar aller Wirklichkeit vor dem unermeßlich trüben Himmel. Eine von jenen Städten, die man im Schlaf erfindet, für die Dauer eines Traumes, und selbst so lange wird sie nicht halten. Aber sie hatte schon zweitausend Jahre ausgehalten.« (451)

4 Gedanken und Probleme

4.1 Der Blick auf den Nationalsozialismus

4.1.1 Der ›soziale Roman‹ – eine Gegendarstellung gegen Mythisierung und Ästhetisierung des Faschismus

Das *Siebte Kreuz* beruht nicht auf einer generellen Theorie über den Faschismus bzw. den deutschen Nationalsozialismus (Ackermann 1983, S. 83 f.). Berücksichtigt man die historischen Entstehungsbedingungen des *Siebten Kreuzes* und zieht die 1937/38 vorhandenen Faschismustheorien in Betracht, dann spricht schon der Umstand, daß Anna Seghers eine neue, selbständige Annäherung an den geschichtlichen Stoff ihres Romans unternahm, für ihre Hellsichtigkeit. Was nämlich zu diesem Zeitpunkt an theoretischen Erklärungen des Faschismus vorlag, setzte sich zu großen Teilen aus – gelegentlich fast grotesken – politischen Fehlurteilen zusammen, die oft auf hartnäckige Blindheit für die Ideologie wie für die politischen Zielsetzungen der NSDAP gegründet waren. Die akademischen Sozialwissenschaften hatten in den zehn Jahren vor 1933, in denen sich der Nationalsozialismus als identifizierbare politische Bewegung bemerkbar machte, nicht den mindesten Anlaß gesehen, ihn einer wissenschaftlichen Untersuchung zu unterziehen. Das parteioffizielle Faschismusbild der KPD sah im Nationalsozialismus den Agenten des Monopolkapitals, der von diesem bestellt worden sei, um die historisch eigentlich anstehende sozialistische Revolution gewaltsam zu unterbinden. Vom Faschismus ist in diesem Deutungsschema nicht mehr wahrgenommen als dessen Gegnerschaft gegen die Kommunisten, woraus diese schlossen, daß die Nazis gar kein eigenes politisches Programm verfolgten und nichts anderes sein könnten als der für sich genommen belanglose Handlanger ihres sozialen Gegners. Dieses Schema ließ sich ebensogut auf die Sozialdemokratie anwenden, mit dem Unterschied, daß die SPD, da sie der nächste Konkurrent zur KPD war, unter dem Titel »Sozialfaschismus« für schlimmer als die NSDAP angesehen wurde. In der Zeit unmittelbar nach dem Beginn der nationalsozialistischen Herrschaft ging die Einschätzung der Komintern sogar dahin, daß die NS-Gewalt nur sozusagen die letzte Zuckung der Kapitalherrschaft darstelle, der unweigerlich die Vollendung der sozialistischen Revolution folgen müsse. In dieser Verblendung imaginierte die kommunistische Parteiführung verbissen sich selbst als das geheime historische Subjekt der politischen Entwicklung, und das noch zu einer Zeit, da die Nazis Tausende ihrer Anhänger einsperrten und umbrachten. Es brauchte mehrere Jahre nationalsozialistischer Erfolge in der Innen- und Außenpolitik, bis diese ›Faschismustheorien‹ fallengelassen wurden. Sieht man von Außenseitern wie W. Reich ab, so entwarf erst Dimitroff eine theoretische Einschätzung des Nationalsozialismus, die diesen als eigenständiges politisches Phänomen ernstnahm.

Nur wenige der 1933 exilierten Intellektuellen und Schriftsteller hatten Ansätze einer Einsicht in den politisch-sozialen Charakter des Nationalsozialismus entwickelt. Der politisch-philosophischen Essayistik von Ernst Bloch aus der Weimarer Zeit, die er im Exil fortschrieb und 1935 unter dem Titel *Erbschaft dieser Zeit* veröffentlichte, waren viele Anregungen zu entnehmen, eine durchgeführte Faschismustheorie enthielten sie nicht. Bis 1935 hatte sich in der Exilliteratur eine gemeinsame Auffassung über die wichtigsten Bedingungen für den Aufstieg der NSDAP in den Jahren vor 1933 herausgebildet. Zu ihnen zählte man die ökonomische Krise nach 1929 und eine besondere Anfälligkeit kleinbürgerlicher Schichten für die faschistische Ideologie (Rotermund 1984, S. 226 f.). Freilich besagte diese Auffassung wenig über das Funktionieren einer durchgesetzten nationalsozialistischen Herrschaft, also über die deutsche Gegenwart. Unter den Bedingungen des Exils waren die wenigen vor 1933 entwickelten Erklärungsansätze nur schwer zu vervollständigen und noch schwerer zur allgemeinen Kenntnis zu bringen. Von Brechts »Gräuelmärchen« *Die Rundköpfe und die Spitzköpfe oder Reich und Reich gesellt sich gern*, das 1935 fertiggestellt wurde und ganz der Agententheorie der Komintern folgt, konnte Anna Seghers noch Kenntnis haben. Von Brechts Selbstkorrektur, die mit den Arbeiten am *Caesar*-Roman (1938/39) einsetzte und im *Aufhaltsamen Aufstieg des Arturo Ui* (1941) den deutlichsten Ausdruck fand, war sie von vornherein abgeschnitten, ebenso wie von den Untersuchungen zum autoritären Charakter, die das emigrierte Frankfurter Institut für Sozialforschung in den USA anstellte.

Den theoretischen Wahngestalten, Irrtümern und Hilflosigkeiten entging Anna Seghers durch die Weise, in der sie sich dem nationalsozialistischen Deutschland annähert. Ihre Hellsichtigkeit ist von vornherein nicht theoretisch, sondern literarisch vermittelt. Der heutige Leser kann bemerken, daß die Darstellung, die das *Siebte Kreuz* von der kleinbürgerlichen Massenbasis des Nationalsozialismus, von der Psychologie des faschistischen Kämpfers wie vom autoritären Charakter der Machtfunktionäre gibt, mit ausgearbeiteten wissenschaftlichen Theorien über den Faschismus übereinstimmt. Andererseits ist nicht zu verkennen, daß Anna Seghers' Erzählung Realitätsbereiche, die für einen wissenschaftlich erarbeiteten Faschismusbegriff von entscheidender Bedeutung wären, ausblendet: Sie durchleuchtet weder die politische Zielsetzung der NSDAP noch kümmert sie sich um die ›Logik‹, durch welche die Nationalsozialisten so viele ›Volksfeinde‹ entdeckten, die sie vernichten ›mußten‹. Die Übereinstimmung mit der theoretischen Aufarbeitung des Faschismus wie die Abweichung von ihr gehen auf die spezifische Verarbeitung der Erfahrungswirklichkeit zurück, die im poetischen Verfahren des Romans begründet ist.

Der Schnitt, den das *Siebte Kreuz* durch die Realität des Nationalsozialismus legt, ist derjenige des *sozialen Romans*. Mit diesem Terminus ist nicht nur ein Gegenstandsbereich angegeben, sondern auch eine Blickrichtung, aus der er wahrgenommen wird. Der Gegenstandsbereich umfaßt die Ränge der gesellschaftlichen Hierarchie unterhalb der Eliten, mithin die große Masse der Menschen, die in der Realität des Deutschland von 1937 leben. Sie zählen nicht zu den bestimmenden Subjekten der politisch-sozialen Wirklichkeit, sondern treffen auf Umstände, die ohne ihr Zutun eingerichtet sind, nach denen sie sich aber, um ihr Leben zu bewältigen, richten müssen. Damit kommt nicht nur eine Vielzahl von Individuen, Gruppen und ›sachlichen‹ Verhältnissen in den Blick, auch dessen Wahrnehmungsrichtung ist im Prinzip schon gewählt. Genaugenommen hat das *Siebte Kreuz* nicht den Faschismus zum Thema, sondern das *Verhältnis der Individuen zum Faschismus*. Der soziale Roman thematisiert das faschistische System, aber dergestalt, daß er verfolgt, wie die vielen Individuen sich zu ihm ins Verhältnis setzen. Er berücksichtigt also immer beides zugleich: Im nationalsozialistischen Staat haben die Menschen nur den Status von Objekten, von fügsamen Instrumenten der Herrschaft, und dieser Status wird mit Gewalt durchgesetzt. Zum anderen aber sind es immer noch die Individuen, die sich zu diesem Oktroi verhalten müssen, die sich also von ihrem Objektsein zugleich unterscheiden, und zwar nicht nur dann, wenn sie sich verweigern, sondern auch dann, wenn sie die geforderte Anpassung an die politischen und sozialen Zumutungen leisten.

Das Prädikat ›sozialer Roman‹ besagt für das *Siebte Kreuz* mehr als daß er die Wirklichkeit in den unteren und mittleren Rängen der Gesellschaft realistisch schildern würde oder auf das moralische Mitempfinden mit den Opfern oder die Solidarität mit den Schwachen aus wäre. Die ›soziale‹ Perspektive von ›unten‹ leitet die Aufmerksamkeit in jeder Szene darauf, den Gegensatz von System und Individuum in seiner jeweils vorhandenen Form dingfest zu machen. Sie macht den universellen Antagonismus wahrnehmbar, und zwar nicht erst dort, wo der Roman den Faschismus mit den überhistorischen Werten der Humanität konfrontiert, sondern noch im historischen Horizont der faschistisch formierten Gesellschaft selbst. Dadurch gelingen ihr Einblicke in deren Realität, die nicht nur für die Zeitgenossen bedeutsam waren, sondern auch für die Nachgeborenen relevant sind: Sie erhellen Grundzüge des Lebens unter dem Faschismus, die in den diversen einzelwissenschaftlichen Faschismustheorien aufgrund ihrer Spezialisierung oft nicht mehr wahrgenommen werden. Der erste Einblick betrifft die Art und Weise, wie Individuen zu Mitmachern des Nationalsozialismus werden, der zweite den Charakter der nationalsozialistischen Gewalt.

Literarische Studien über den Typus des Mitmachers in einem funktionierenden faschistischen System sind in der Exilliteratur seltener als man annehmen sollte – die Deutschlandromane der ersten Exiljahre befaßten sich meist mit der Zeit vor 1933 und den ersten Monaten nach der »Machtergreifung«; die literarische Befassung mit Deutschland von 1935 an tendierte noch stärker zur Vorgeschichte des Nationalsozialismus und verfolgte sie bis in die Wilhelminische Zeit zurück (Alfred Döblin: *Pardon wird nicht gegeben*, 1935; Bernhard von Brentano: *Theodor Chindler*, 1936); zudem trat in der zweiten Hälfte des Jahrzehnts das Interesse an historischen Stoffen und an der Autobiographik vor dasjenige am Zeitroman. Mit der wichtigen Ausnahme von Arnold Zweigs *Das Beil von Wandsbek* weisen die nach 1936 vorgelegten Versuche, zu erfassen, was den Mitmacher auszeichnet, meist einen Mangel auf, der an Ödön von Horváths Roman *Jugend ohne Gott* (1937) und an Georg Kaisers Komödie *Klawitter* (1939/40) am deutlichsten hervortritt: Beide Schriftsteller konstruieren den Mitmacher aus ihrer eigenen Ablehnung der Anpassung an das NS-Regime; sie gehen davon aus, daß es nachvollziehbare Gründe für das Mitmachen schlechterdings nicht geben könne, und entdekken dann als einziges noch vorstellbares Motiv für die Anpassung an die NS-Herrschaft eine grundsätzliche Identität der in Deutschland lebenden Menschen mit dem Faschismus. So trifft in Horváths Roman der Lehrer, die Hauptfigur der Handlung, auf eine Jugend, die aus eigenen Stücken schon faschistisch denkt und fühlt. Auch in Kaisers satirisch-groteskem Drama erscheinen die Figuren als menschliche Abziehbilder des Faschismus, ja als dessen heimliche Subjekte, da das NS-Regime nur deren eigene üble Natur entfesselt. Diese Auffassung ist kritisch gemeint, trägt aber indirekt zur Mythisierung des Nationalsozialismus bei, und genaugenommen entzieht sie jeglicher Kritik an der NS-Herrschaft den Boden, da sie alle Positionen, die nicht faschismuskonform sind, von vornherein als substanzlose Einbildungen hinstellt.

Jedem Leser des *Siebten Kreuzes* dürfte evident sein, daß hier ein gänzlich anderes Bild der Mitmacher im NS-System gezeichnet ist, und zwar nicht nur derjenigen, die sich notgedrungen fügen, sondern auch der kalkulierenden Opportunisten und sogar der militanten Mitläufer. Die Perspektive des sozialen Romans schließt hier den *verstehenden Nachvollzug* der Anpassung ein, ohne daß das Verstehen in billigendes Verständnis umschlüge. Anna Seghers' Roman entdeckt an allen Formen des Mitmachens ein Motiv, das im individuellen Ursprung gerade nicht mit dem Faschismus zusammenfällt. Der kleine Traum vom privaten Glück, den Paul Röder und seine Frau Liesel verfolgen, wird nicht als eine von vornherein üble Sache aufgefaßt – auch Franz träumt ihn auf seine Weise. Daß Leute wie Zillich dem Elend des kleinbäuerlichen Lebens oder der Enge einer kleinbürgerlichen Existenz entkommen wollen, wird noch nicht als kritikabel hingestellt. Selbst dem unheilbar kranken alten Mann, der Heisler und den jüdischen Arzt denunziert, wird ein in letzter Instanz ehrenwerter Beweggrund zugebilligt: »Oder glaubte er einfach, durch ein solches Gebaren sich mit den Lebenden gründlicher zu vermischen?« (170) Die individuellen Beweggründe zielen noch nicht von sich aus auf konstruktive Beteiligung am faschistischen System. Daß sie dazu pervertieren, wird auf eine objektive und eine subjektive Bedingung zurückgeführt.

Die entscheidende, objektive liegt im politisch-sozialen System, das vor das private Glück, vor die Befreiung aus elenden ökonomischen Verhältnissen und vor die Anerkennung einer Person Bedingungen gesetzt hat, welche die Individuen erfüllen müssen. Sie reichen von der Fügsamkeit gegenüber allen Leistungsanforderungen an der ›Arbeitsfront‹ über den mehr oder minder demonstrativen Beweis der verlangten Gesinnung bis zu Sonderleistungen wie der Denunziation. Die subjektive Bedingung, die hinzukommen muß, damit die Perversion der Beweggründe gelingt, besteht in der Selbstverständlichkeit, mit der alle Mitmacher die politisch-gesellschaftlichen Umstände, die ihnen vom Regime auferlegt werden, als die einzige Möglichkeit akzeptieren, den je persönlichen Lebensplan zu realisieren: In der Hartnäckigkeit, die ihnen vorgegebenen Anforderungen als den einzig gangbaren Weg ihrer Selbstbestimmung zu begreifen, in der Weigerung, zu bedenken, *was* von ihnen verlangt wird und welchen Preis das Regime sie für ihren ›pursuit of happiness‹ zahlen läßt, liegt der Wendepunkt von der Selbst- zur Fremdbestimmung. Die Menschen folgen ihren Lebensplänen und eigenen Notwendigkeiten, und eben dadurch reduziert sich ihr Leben auf das eines Rädchens im politisch-sozialen System des Nationalsozialismus.

Diese Fremdbestimmung wird im Roman mit dem humanen Wert freier Selbstbestimmung konfrontiert und als Niedergang der Menschlichkeit kritisiert. Daneben führt die Erzählung ein zweites, sozusagen immanentes kritisches Verfahren ein, das sich aus dem Blickwinkel des sozialen Romans ergibt. Georg demonstriert Paul Röder – und Franz gesteht es sich im Selbstgespräch selber ein –, daß die Verfolgung des kleinen Glücks unter den Voraussetzungen des Nationalsozialismus zu nichts führt als zu fortgesetzter Not und Enge, so daß eine KdF-Reise auf die Wartburg schon zum Lebenshöhepunkt und das Glück zur krampfhaft festgehaltenen Illusion wird. Das illusionäre Festhalten daran, daß alle individuellen Anliegen und Lebenspläne mit der Rolle, die der NS-Staat seinen Untertanen auferlegt, vereinbar sein müßten, vollendet die äußere Abhängigkeit, indem diese durch eine innere Abhängigkeit ergänzt wird. Schließlich können die Individuen, faktisch selbst an der Zerstörung ihrer Lebenspläne mitwirkend, darin nichts anderes mehr erkennen als eine Reihe von unerklärlichen Schicksalsschlägen. An der Zillich-Figur gelangt die epische Demonstration zu einem noch krasseren Resultat. Zillichs Lebensrückblick kurz vor Wallaus Ermordung fördert nichts als sein Scheitern zutage; zugleich ist es die Erinnerung an den nicht-faschistischen Ausgangspunkt seiner faschistischen Sozialisation – »auch ihm war es eine Genugtuung, gesucht und gebraucht zu werden« (377) –, die ihn sein blindes Einverständnis mit dem bekräftigen läßt, wozu er gebraucht wird. Darin, daß er sich stets aufs Neue auf den Faschismus einläßt, um seinen Anspruch auf Anerkennung aus dem sozialen Elend zu retten, liegt seine Beteiligung an der Vernichtung dieses Anspruchs: Ihm gelingt nicht einmal der Sprung in eine der Funktionen, die es ihm gestatten würde, sich in seinem Bereich als Herr der Gewalt aufzuführen; statt dessen muß er sich eingestehen, daß er nie eine andere Rolle gespielt hat als die des verachteten Werkzeugs. Am Gegenstand der NS-Gesellschaft radikalisiert das *Siebte Kreuz* ein Muster der Sozialkritik, das in der Perspektive des sozialen Romans angelegt ist. Abhängige Existenzen zu vergegenwärtigen und zu zeigen, was diese Abhängigkeit für sie bedeutet, liest sich am Objekt der faschistisch formierten Gesellschaft so: Das Sich-Einlassen auf diese Gesellschaft kritisiert sich am Mitmacher selbst, weil es *seine* Beweggründe, sich auf diese Gesellschaft einzulassen, radikal durchkreuzt und am Ende das Individuum zerstört.

Das Bild der faschistischen Herrschaft ist dem des Untertanen komplementär. Die Individuen müssen die bedrückte, die gleichgültige, aber auch die enthusiastische Anpassung stets aufs Neue gegen den individuellen Ausgangspunkt ihrer Anpassung durchfechten. Wie das *Siebte Kreuz* die Anpassung als permanente Leistung der Individuen auffaßt, so stellt sie am faschistischen System das in den Vordergrund, was man die *permanente Arbeit der Herrschaft* nennen könnte. Die Fluchtgeschichte führt vor, daß die Ausweitung des Herrschaftsanspruchs auf eine totale Verfügung über alle Menschen und über das ganze Individuum, daß auch die Perfektionierung der Methoden, diesen Anspruch durchzusetzen, stets den Ausgangspunkt der Herrschaft reproduziert: Auch und gerade im erfolgreich durchgesetzten Nationalsozialismus ist gelingende Herrschaft kein ein für allemal erreichter Zustand, ist die Verfügbarkeit der auf Untertanen reduzierten Bürger stets aufs Neue durchzusetzen, und zwar deshalb, weil jede herrschaftssichernde Maßnahme den Umkreis der Ansprüche an die ›Volksgenossen‹ erweitert. Der Roman demonstriert diese Sichtweise nicht nur an den Flüchtlingen und den Fluchthelfern im engeren Sinn, die bewußt gegen staatliche Gebote verstoßen. Die geradezu diplomatischen Verkehrsformen zwischen den Arbeitskollegen in den Fabriken, in denen Franz und Paul Röder arbeiten, zeugen von allgegenwärtiger Überwachung, und da die vollkommene Übereinstimmung allen Denkens mit den staatlichen Anforderungen an das Denken eine faschistische Fiktion darstellt, ›entdeckt‹ die Bespitzelung immer wieder jemanden, der am falschen Ort ein falsches Wort fallen läßt: Die Überwachung kreiert die Beweise für ihre eigene Notwendigkeit gleichsam im Selbstlauf. Durch die Fahndung nach den Flüchtigen werden harmlose, dem NS-Staat in einzelnen Fragen distanziert gegenüberstehende, insgesamt aber loyale Menschen wie der Kreis um Elli und die Schneiderin Marelli zu Objekten einer Behandlung durch die Gestapo – ihre Loyalität wird vom Staat selbst in Zweifel gezogen, und zwar ganz unabhängig von ihrem Tun. Auf diese Weise führt der Roman die Kehrseite der maßlosen Loyalitätsforderung des NS-Staats vor, die in dem generellen Verdacht besteht, daß allenthalben Unbotmäßiges gedacht und womöglich schon in die Wege geleitet werde. Dieser Verdacht setzt eine Spirale von Überwachung und Gewalt in Gang, in deren Verlauf jedes Opfer zum selbstgeschaffenen Beweis für erweiterte Überwachung und Gewalt gerät.

Das *Siebte Kreuz* versteigt sich nicht zu der Behauptung, das nationalsozialistische Deutschland von 1937/38 sei ein instabiler Staat. Im Gegenteil: Der Roman führt vor, *wie* ein stabiler Staat unter faschistischen Vorzeichen allein *funktioniert*. Das zweimal vorgebrachte Diktum über die angebliche Allwissenheit der Gestapo: »Sie wissen, was man ihnen sagt« (153, 427), formuliert einen hellsichtigen Hinweis darauf, daß auch die NS-Herrschaft von denen abhängig ist, über die sie verfügt. Der Roman verschweigt aber nicht, daß die Gestapo sehr viel weiß, ihr also viele vieles sagen und der Widersinn eines an seiner eigenen Unterwerfung mitwirkenden Volkes im Deutschland von 1938 historische Wirklichkeit ist. Er zeigt auch, wodurch dieses antagonistische Funktionieren im Alltag unter dem Hakenkreuz gelingt. Vor allem an Mettenheimer und seiner Familie wird deutlich, wie es möglich war, daß das faschistische Regime auf weiten Strecken als Normalität, d. h. als Gegenstand eines arglosen Umgangs und selbstverständlichen Sich-Einfindens erfahren wurde. Der Malermeister renoviert eine Wohnung, aus der Juden vertrieben worden sind und in die ein NSDAP-Parteigenosse einziehen wird; er beschränkt sich auf die gewohnte Zuständigkeit des Handwerkers, der jeden Auftrag ordentlich ausführt und seine eigene Meinung über Anlaß und Nutznießer seiner Tätigkeit für ebenso unmaßgeblich hält wie sein Urteil über den

Geschmack der Borten, die er anbringt. Allgemein formuliert: Nachdem der Nationalsozialismus zur Staatsgewalt geworden ist, kann er sich weitgehend der von ihm vorgefundenen sozioökonomischen Funktionen und geteilten Zuständigkeiten bedienen, um die ›Volksgenossen‹ zu den Diensten zu bewegen, auf die er angewiesen ist. Deshalb erscheint den Menschen ihr befehlsgemäßes Funktionieren lange Zeit weder als Unterwerfung noch als Kollaboration, sondern wie die Fortsetzung einer gesellschaftlichen Normalität, an deren grundsätzlicher Konstitution sich nichts geändert habe.

Mit dieser Sichtweise des funktionierenden Faschismus ist nicht etwa ein raffinierter Trick der NS-Führung entlarvt, sondern ein Hinweis vorgebracht, der die prinzipielle Auffassung des Faschismus betrifft. In der Wut wie der Gleichgültigkeit des Terrors ist der Nationalsozialismus barbarisch. Dennoch ist er nicht als anachronistische Wiederkunft der Barbarei abzutun. Dem faschistischen Staat gelingt die Einrichtung einer totalitären Gesellschaft, weil er moderne Herrschaft ist – modern darin, daß er über die sachlich-gesellschaftlichen Voraussetzungen des individuellen Lebens verfügt. Er muß nicht jeden gewünschten Dienst ausdrücklich anordnen und durchsetzen, sondern er kann die gesellschaftlichen Lebensbedingungen nach Maßgabe seiner Zielsetzungen so modellieren, daß ihm die Leistungen seiner Untertanen, auf die er angewiesen ist, zum größten Teil quasi automatisch zufallen. Darin liegt eine grundsätzliche Freiheit des NS-Staats gegenüber dem aktuellen politischen und moralischen Bewußtsein seiner Untertanen, die es ihm um so leichter macht, dieses Bewußtsein in seinem Sinn zu beeinflussen.

Auch hier bedient sich, wie das *Siebte Kreuz* an den Großfamilien Marnet und Mettenheimer verdeutlicht, der Nationalsozialismus soweit wie möglich der Verkehrsformen moderner bürgerlicher Gesellschaften. Wenn nicht mehr Kämpfer gefragt sind, die gegen die geltende Ordnung antreten, sondern willige Funktionäre der inzwischen durchgesetzten NS-Ordnung, dann tritt die Ordre zur Rekrutierung solcher Unterbefehlshaber, die der Sache nach keine Freiheit läßt, der Form nach als Angebot an die freie Privatkalkulation der Individuen auf: Der Eintritt etwa in die SS und die praktische wie ideologische Bewährung in ihr erhält ganz jenseits der inneren Überzeugungskraft der NS-Doktrin eine eigene Attraktivität, indem sie die bürgerliche Form der Karrierechance annimmt. Das *Siebte Kreuz* demonstriert auch, daß die auffälligsten Veränderungen durch den Nationalsozialismus auf dem Gebiet der öffentlichen Moral liegen, und zwar deshalb, weil die bequeme und vergleichsweise sichere Methode, vorhandene Einrichtungen und Gepflogenheiten im Sinn des Faschismus zu funktionalisieren, dort an ihre Grenze stößt: Auf dem Feld der Moral ist tatsächliches Umdenken, eine bewußte Veränderung der Werte gefragt, und hier erfährt die Herrschaft ihre Abhängigkeit von der Einwilligung ihrer Untertanen als äußerst prekär. Der Roman referiert nicht die gängigen Propaganda-Parolen, die dem zeitungslesenden und rundfunkhörenden Volk eingehämmert wurden. Er zeigt aber wohl, daß das schlagendste ›Argument‹ des Faschismus zur Veränderung der allgemeinen Wertsetzungen in der Gewalt besteht, die jedem droht, der sich der neuen Denkungsart nicht anbequemen mag. Darüber hinaus bemerkt das *Siebte Kreuz* eine spezielle Errungenschaft der faschistischen Herrschaft zur Vereinnahmung der ›Volksgenossen‹ für ihre Befehlshaber: die Ästhetisierung der Politik. Der Roman schildert sie nur in einer Szene, die allerdings das generelle Verdikt von Hans-Albert Walter, der Exilroman verdränge die Faszination des Massenanhangs durch den Nationalsozialismus, relativiert (Walter 1966, S. 448). Auf dem Weg zu Röders Wohnung beobachtet Heisler aus der Straßenbahn diese Szene:

»In den letzten Sekunden hatte sich aus dem Lärm der Stadt eine Marschmusik abgesondert. – Sie kam rasch näher und wurde stärker, wobei sie allen Geräuschen und allen Bewegungen ihren scharfen Takt aufzwang. Die Fenster öffneten sich, aus den Toren liefen Kinder, auf einmal war die Straße von Menschen gesäumt – der Fahrer bremste.

Das Pflaster zitterte schon. Man hörte schon jubeln vom Ende der Straße her. Seit ein paar Wochen war das 66er Infanterieregiment in den neuen Kasernen stationiert. Wenn es durch ein Stück Stadt marschierte, dann war das immer ein frischer Empfang. Da kommen sie endlich: Trompeter und Trommler, der Tambour wirft seinen Stab, das Pferdchen tänzelt. Da sind sie! Da sind sie! Endlich – die Menschen reißen die Arme hoch. Der Alte schwingt seinen Arm und stützt mit dem Knie sein Bäumchen. Seine Brauen zucken im Takt des Marsches. Seine Augen glänzen. Hat er seinen Sohn dazwischen? Das ist der Marsch, der die Menschen aufwühlt, daß es ihnen den Rücken herunterläuft, daß ihre Augen leuchten. Was für ein Zauber ist das, zu gleichen Teilen gemischt aus uralter Erinnerung und vollkommenem Vergessen?« (256 f.)

Man kann davon ausgehen, daß Anna Seghers Walter Benjamins Ausführungen über die »Ästhetisierung des politischen Lebens« im 1936 veröffentlichten Aufsatz *Das Kunstwerk im Zeitalter seiner technischen Reproduzierbarkeit* nicht kannte (Benjamin 1970, S. 48). Sie hatte selbst bemerkt, daß die faschistische Macht sich ihren Untertanen als ästhetisches Erlebnis präsentiert, um in dessen zwanglosem Zwang die emotionale Vereinigung von Herrschaft und Beherrschten als die Wirklichkeit seiner Politik zu suggerieren.

Das Faschismusbild des *Siebten Kreuzes* – sowohl des Verhältnisses der Menschen zum Regime wie der Herrschaft zu ihren Untertanen – konterkariert einen zentralen Mythos des Faschismus. Der nationalsozialistische Staat verstand sich und wollte verstanden sein als die wahrgemachte Einheit von Volk und Führung, die auf der natürlichen Verbundenheit der arischen Volksgemeinschaft beruhe und sich durch einen naturhaft-unerschütterlichen Willen auszeichne, alle Kräfte für die Durchsetzung der höchsten »Staatsrasse« (Hitler, Mein Kampf, 1933, S. 331) zu mobilisieren. Dieser Einheitsmythos postulierte die Säuberung der Rasse von allen ›fremden‹ und unzuverlässigen Elementen als Recht des Volks und den Anspruch des Regimes auf schrankenlosen Gehorsam der ›Volksgenossen‹ als höchste Erfüllung von deren Naturbestimmung, quasi als deren arisches Menschenrecht. Das *Siebte Kreuz* löst diesen legitimatorischen Kunst-Mythos nicht ideologiekritisch auf, sondern setzt ihm eine Gegendarstellung in der Sache entgegen. Das Wahnhafte am totalitären Machtanspruch des Faschismus wird nur an einer Figur, derjenigen des KZ-Kommandanten dargestellt, wobei vor allem der Anspruch der Unbesiegbarkeit im Vordergrund steht (vgl. Kap. 4.2.2). Der

Roman konzentriert sich auf die Wirklichkeit derjenigen Einheit von nationalsozialistischem Staat und Volk, die es tatsächlich gab und die – ganz jenseits der Arier-Ideologie – innerhalb wie außerhalb der deutschen Grenzen die Plausibilitätsgrundlage für den Legitimitätsanspruch des NS-Regimes abgab: den praktischen Gehorsam der Deutschen. Er beharrt darauf, daß dieser Gehorsam nicht in einer vorgängigen Einheit von Nationalsozialismus und Volk begründet sei, und setzt dem Glauben an diese Einheit die Demonstration entgegen, daß er, und vor allem: wie er das Produkt der Gewalt, das Resultat eines von ›oben‹ eröffneten und erfolgreich durchgeführten Gegensatzes war. Zugleich verweist er auf die Bedingtheit und nie zu beseitigende Abhängigkeit dieser Gewalt von denen, die sie bislang kommandiert und ihren Bedürfnissen gemäß modelt. Das *Siebte Kreuz* löst den faschistischen Mythos nicht theoretisch auf, stellt damit auch nicht den Anspruch, ihn erschöpfend zu erfassen. Der Roman attackiert die NS-Ideologie an der Praxis, die im Mythos tatsächlich gemeint war und durch ihn in der unhintergehbaren Natur des Volkes verankert werden sollte. Deshalb billigt der Roman auch – der faschistischen Wirklichkeit näher als manche stilisierende literarische Polemik gegen den Hitler-Staat – der Ästhetisierung des politischen Lebens einen höheren Stellenwert zu als der einzelnen ideologischen Phrase über die Volksgemeinschaft.

Das Aussparen der faschistischen Eliten und ihrer politischen Zielsetzungen, das relative Desinteresse an einer kritischen Befassung mit der NS-Ideologie und die Konzentration auf die Gegendarstellung aus der Optik des sozialen Romans fordern allerdings auch einen Preis. Der soziale Roman vermag die Mehrzahl der Deutschen unter dem Faschismus als die abhängigen Variablen ihrer Herrschaft zu fassen und vorzuführen, wie diese Abhängigkeit im Zusammenspiel von NS-Macht und einem Sich-abhängig-Machen von ›unten‹ funktioniert. Er faßt aber nicht, *wovon* die Untergebenen des Faschismus denn nun abhängig waren. Die Abwesenheit jeglichen Hinweises darauf, *wozu* die materiellen Leistungen und die moralische Angepaßtheit der Deutschen dienten, stellt keine neutrale Leerstelle dar, die der Leser aus anderweitiger Kenntnis füllen könnte. Sie hat vielmehr Rückwirkungen auf die Erzählung selbst. Sie führt in die Darstellung des Herrschaftsverhältnisses Nationalsozialismus eine Zweideutigkeit ein, die sich mit fortschreitender Erzählung immer deutlicher bemerkbar macht. Je mehr die Aktionen unmittelbarer Gewalt sich häufen, je deutlicher auch die Gewaltförmigkeit der ganzen Gesellschaft hervortritt, desto klarer wird, daß das *Siebte Kreuz* dem Faschismus insgesamt kein ›positives‹, d. h. inhaltlich gefülltes Wozu zubilligt. Er erhält zunehmend die Gestalt einer rein negativen, bloß zerstörerischen Kraft, eines negativen Gegenprinzips zum sittlich positiven Prinzip der Humanität. In dieser Sichtweise ist dem Faschismus Herrschaft nicht Mittel, sondern Selbstzweck, und die Zerstörung des Menschlichen erscheint immer weniger als Konsequenz des Nationalsozialismus und immer mehr als dessen Endzweck.

So nähert sich der Roman zumindest graduell doch noch der negativen Mythisierung des Nationalsozialismus nach den bereits angeführten Mustern von Horváth und Kaiser an, und die Auffassungsweise des sozialen Romans erhält die

Funktion eines Korrektivs, das verhindert, daß der Roman als ganzer den Nationalsozialismus in die Magie finsterer, aber unausweichlicher Kräfte auflöst. In der Figurendarstellung macht sich diese Zwiespältigkeit dadurch geltend, daß die politischen und sozialen Differenzierungen im Fortgang der Erzählung zunehmend in Idealisierungen nach dem Muster moralischer Schwarz-Weiß-Malerei verschwinden. Zwar finden sich im *Siebten Kreuz* keine Figuren, die einem puren Idealismus des Bösen, einem durch nichts als der Lust an der Zerstörung begründeten Zerstören frönen; nicht einmal Fahrenbergs Gewaltphantasien lösen sich in schiere Bösartigkeit auf. Auf der positiven Gegenseite sind idealisierende Stilisierungen aber nicht zu übersehen. Der konspirative Einfallsreichtum von Franz und Frau Fiedler, die Entschlossenheit Paul Röders, Ellis Standhaftigkeit und alle verschiedenen Qualitäten der Helfer werden zusehends zu bloßen Indizien gleicher moralischer Güte, nach dem idealistischen Motto: Dem guten Menschen in Bedrängnis fällt auch der rettende Einfall zu. Ausschließlich moralisches Wunschdenken spricht aus der Umkehrung der Diagnose, daß die Unterwerfung unter den Faschismus alle menschlichen Verhältnisse versteinern läßt: Wer sich widersetzt, bei dem stellt sich auch das private Glück ein – als ob der äußere Druck, der zuvor die allgemeine Versteinerung herbeiführte, durch die subversive Aktion geringer würde.

Dieser Einbruch moralischer Schwarz-Weiß-Malerei in den sozialanalytischen Roman bleibt nicht ohne ästhetische Konsequenzen. Das glückliche Ende der Flucht ist dem Roman noch nicht genug des Glücks. Die Episode mit Leni hatte Georgs Gewißheit, daß die Liebe stärker sei als der Zwang zur Anpassung, als Illusion entlarvt – in der letzten Nacht darf Heisler die Frau, die er in Leni gesucht hatte, finden. Damit ist des Rührenden aber noch nicht genug. Am Ende der Geschichte gibt es nicht nur ein glückliches Paar, sondern gleich deren vier: Franz hat eine Partnerin gefunden, zwei Ehepaare haben ihre Liebe wieder belebt und eines, das Ehepaar Kreß, hat sie neu entdeckt. Der letzte Auftritt dieses Paars hätte die Aufnahme in eine Anthologie des literarischen Kitsches im 20. Jahrhundert verdient:

»Schließlich brach die Frau das Schweigen, das fast eine Stunde gedauert. ›Hat er zuletzt noch etwas gesagt?‹ – ›Nein. Nur: danke!‹ – ›Es ist merkwürdig‹, sagte die Frau, ›mir ist es zumut, als ob ich mich bei ihm bedanken sollte, was auch noch aus dieser Geschichte für uns entstehen mag – daß er bei uns war, daß er uns diesen Besuch gemacht hat.‹ – ›Ja, ich auch‹, sagte der Mann rasch. Sie betrachteten einander verwundert in einem neuen, ihnen noch unbekannten Einverständnis.« (443)

4.1.2 Eine »Bresche« in die »Allmacht« – der Nationalsozialismus als ohnmächtige Macht

Das *Siebte Kreuz* thematisiert das Wahnhafte des faschistischen Mythos an der Psychologie des KZ-Kommandanten Fahrenberg. Seine Allmachtsphantasien geben das personale Spiegelbild des totalitären politischen Herrschaftsanspruchs ab, und das ›Versprechen‹ der NS-Ideologie, daß der Aktivismus des gehorsamen Gewaltinstruments diesem zur individuellen Erfüllung gerate, ist in der Fahrenberg-Figur zum psychologischen Bedürfnis verinnerlicht. Dieser Allmachts-Wahn ist allein durch die Tatsache der Flucht schon praktisch dementiert:

»ein entkommener Flüchtling, das ist immer etwas, das wühlt immer auf. Das ist immer ein Zweifel an ihrer Allmacht. Eine Bresche.« (82)

Vor der Folie des Allmachtsanspruchs erscheint »ein entkommener Flüchtling« wie eine prinzipielle Infragestellung der Macht – aber auch nur vor dieser Folie. Auch wo Heislers Flucht das Stadium einer organisierten Anstrengung erreicht, wird sie nicht zu politischem Widerstand im eigentlichen Sinn, und die Kooperation der Fluchthelfer bildet nicht den Kern einer Bewegung, die den Zweck verfolgen würde, geschweige denn in der Lage wäre, der Macht des NS-Staats Schranken zu errichten. Darauf hat schon Inge Diersen aufmerksam gemacht: Die »geglückte Flucht des einen zeigt an, daß die Macht der Herrschenden nicht so total ist wie ihr scheinbar bestätigter Anspruch. Sie signalisiert nicht sich bereits vollziehende Veränderung, sondern Veränderbarkeit« (Diersen 1972, S. 110). Durch die Entscheidung zur Flucht, die Heisler permanent erneuert und die eine Vielzahl verschiedener Menschen für sich übernimmt, demonstriert die Geschichte, daß die gewöhnliche Unterwerfung unter das Nazi-Regime, nämlich die Anpassung nicht nur der äußeren Handlungen, sondern auch des persönlichen Für-richtig-Haltens an die Richtlinien der nationalsozialistischen Obrigkeit, nicht die einzige und daher auch nicht die unausweichliche Reaktion auf den Faschismus darstellen muß. Zugleich aber erscheint die Rettung eines einzelnen, der das Urteil der NS-Gewalt an seiner Person praktisch infrage stellt, als das Äußerste dessen, was im durchgesetzten Faschismus von 1937/38 noch möglich ist.

Dennoch ist die häufig vertretene Auffassung, das *Siebte Kreuz* erzähle »von einer Episode des antifaschistischen Kampfes im Lande« und schildere »ein Kräftemessen zwischen Humanismus und Barbarei« (Wagner 1978, S. 115, S. 150), durch den Romantext ein Stück weit gedeckt. Der Roman setzt hier die Zwiespältigkeit fort, die sich bereits bei der Untersuchung seiner sozialanalytischen Gegendarstellung gegen die Mythisierung des Nationalsozialismus herausgestellt hat. Einerseits zeigt der soziale Roman, wie der NS-Staat seine Relativität, sprich: seine Abhängigkeit von seinen Untertanen, praktisch bewältigt, und die Fluchtgeschichte führt neben der Fehlbarkeit der Verfolgungsmethoden eben auch das Furchtbare dieser Methoden vor. Zum anderen ergänzt die Erzählung diese illusionslose Darstellung durch eine Deutung, welche die psychologische Bedeutung der Ereignisse für die Dissidenten und Opfer des Nationalsozialismus zum Gegenstand hat:

»Doch an dem Abend, als man zum erstenmal die Häftlingsbaracken einheizte und das Kleinholz verbrannt war, das, wie wir glaubten, von den sieben Bäumen kam, fühlten wir uns dem Leben näher als jemals später und auch viel näher als alle anderen, die sich lebendig vorkommen.« (452)

Diese Deutung findet sich in der Rahmenerzählung, in der das Wir der KZ-Häftlinge spricht, und ist daher als autorisierter Kommentar zu lesen, zumal er sinngemäß auch aus anderen Perspektiven vorgetragen wird. Diesem Kommentar liegt eine eigentümliche Dialektik zugrunde: Wenn die Macht der Nazis nicht Allmacht ist, wenn sie also deren eigenem wahnhaftem Selbstbewußtsein nicht entspricht, dann ist nicht ein Wahn widerlegt, sondern die wirkliche Ohnmacht des Faschismus erwiesen, und seine Opfer erliegen keiner Illusion, wenn sie sich als unüberwindbar imaginieren. Der Verkleinerungsrhetorik entspricht das Bild vom »Leben«, dem die Häftlinge sich näher fühlen als je. Das »Leben« stellt gerade in seiner leeren Abstraktheit eine Größe und einen Wert dar, demgegenüber sich jede historische Herrschaft als endlich und unterlegen ausnehmen muß. In die gleiche Richtung deutet die Symbolik der sieben Kreuze, die am Ende »zum Symbol des Lebens und der Zukunft geworden« sind (Diersen 1972, S. 117). Auf diese Weise nähert sich der Roman der Vorstellung einer innersten Ohnmacht des Gegners an: nicht, weil er zeigen kann, daß dessen Macht praktisch gefährdet ist – hier spricht der soziale Roman des faschistisch formierten Alltags eine ganz andere Sprache –, sondern weil er, Fahrenberg quasi recht gebend, den Faschismus mit einer gottähnlichen oder wie das »Leben« unhintergehbaren Macht vergleicht, um ihn an diesem Maßstab als geradezu schon entmachtet auszugeben.

Das zwiespältige Bild des Nationalsozialismus, der einmal als funktionierende Gewalt mit totalem Geltungsanspruch, daneben aber als im Grunde schon ausgehöhlte Macht gezeichnet wird, verweist nicht mehr auf die Wirklichkeit in Deutschland, sondern auf diejenige des Exils und damit auch auf das Spezifische der Leistung, die der Roman seiner Autorin abverlangte. Der analytische Realismus des sozialen Romans, der die ungeschminkte Darstellung des Alltags unter dem Faschismus unternimmt, gibt Rechenschaft darüber, wie im NS-Staat Herrschaft und Anpassung funktionieren, also auch darüber, welchen Feind sich jeder einhandelte, der den Faschismus ablehnte. Diese Rechenschaft zeitigt ein Resultat, das für einen Gegner Hitlers kaum bitterer hätte ausfallen können – zumindest in den Jahren unmittelbar vor und nach der Eröffnung des Zweiten Weltkriegs, da eine Zerschlagung des Faschismus nirgendwo absehbar war. Die Interpretation der unangefochtenen NS-Macht als einer tendenziell hinfälligen Macht konterkariert die Diagnose, die der Roman selbst formuliert hat. Sie zeigt, daß seine Autorin sich mit ihrem eigenen Befund über ihre und ihrer Mitexilanten politisch-historische Lage nicht abfinden konnte. Es war ihre persönliche Hoffnung auf eine Gegenmacht gegen den Nationalsozialismus, die sie dazu führte, in dessen Opfern – mithin in den faktischen Zeugen der ungebrochenen NS-Gewalt – eine in der NS-Wirklichkeit selbst präsente Perspektive wenigstens eines künftigen Widerstands zu imaginieren. Dabei wird auch noch deutlich, wie nah diese Hoffnung an der Verzweiflung lag. Damit nämlich die Ohnmacht der Opfer als potentielle Gegenmacht erscheint, muß das *Siebte Kreuz* sich positiv auf die Selbst-Mythisierung des Faschismus zur All-Macht beziehen, gegen die der Roman ansonsten anschreibt. Daß die nationalsozialistischen Schergen *nicht jeden* töten, den sie töten wollen, daß sie *nicht jeden* schon ins KZ gesperrt haben, der einem Flüchtling helfen könnte, kurz: der Unterschied der irdischen Macht Faschismus zu einer vorgestellten All-Macht ist der reellste Bürge für die Hoffnung der Anna Seghers, den ihr Roman noch entdecken kann.

4.2 Die Gegenmächte gegen den Faschismus

Das *Siebte Kreuz* verfälscht nicht die Wahrnehmung des siegreichen Nationalsozialismus wie der eigenen Ohnmacht, weigert sich aber zugleich, diese Wahrnehmung als gültige Auskunft zu akzeptieren. Aus diesem Widerspruch heraus entwickelt der Roman das Bedürfnis nach einer Perspektive, welche die Überwindung des Faschismus als Tendenz der Realität selbst aufweist. Darin offenbart sich eine Exilantenpsychologie, die nicht nur diejenige der Anna Seghers war. Nicht erst in den ersten Kriegsjahren, sondern schon zur Entstehungszeit des *Siebten Kreuzes* mußten sich die exilierten Schriftsteller, die sich dem »Zwang zur Politik« (Th. Mann) stellten, allmählich wie die letzten Gegner Hitlers vorkommen. Der erhoffte innere Widerstand in Deutschland war ausgeblieben. Im Spanischen Bürgerkrieg, der im Roman mehrfach als Schlüsselwort für einen trotzigen, seinen Erfolg nicht berechnenden Widerstand zitiert wird (Straub 1977, S. 134), war die Niederlage der Republikaner lange vor ihrem faktischen Ende absehbar. Die äußere Expansion des Deutschen Reiches wie die inneren Verfolgungen geschahen teils im Einvernehmen mit dem westlichen Ausland, teils unter seiner Duldung. Die Sowjetunion, die politische Heimat zumindest der verfolgten Kommunisten, wurde durch die halbherzige, von außenpolitischer Taktik bestimmte Unterstützung der spanischen Republikaner und die ersten stalinistischen Prozesse ein zunehmend schwieriger Rückhalt. Der Antifaschismus der Exilschriftsteller war mithin ganz auf ihre subjektive Entscheidung verwiesen, für die nichts anderes mehr sprach als die ebenso subjektive politisch-moralische Haltung. Dieser Situation, die schon vor Hitlers Kriegserfolgen und der erneuten unmittelbaren Bedrohung der Exilanten äußerst prekär war, hat Ferdinand Bruckner in seiner *Heroischen Komödie* (1939-1942) ein literarisches Denkmal gesetzt: Deren Protagonistin muß nicht nur erkennen, daß ihre politischen Ideale einen nur in ihrer eigenen Person begründeten Idealismus darstellen, sie bekennt sich auch zu diesem Idealismus. Anders reagierten Anna Seghers und die meisten Hitler-Flüchtlinge. Sie suchten nach einem Rückhalt in der Realität, die den subjektiven Entschluß, an der Gegnerschaft zum Faschismus festzuhalten, über den Status einer bloßen Willenserklärung mittelloser Individuen hinaushob. Auf dieses Bedürfnis, der Verzweiflung eine Hoffnung abzutrotzen, gehen alle Elemente des *Siebten Kreuzes* zurück, in denen die Perspektive des sozialen Romans überschritten wird. Sie legen offen, auf welchen »eisernen Bestand« (98) die Schriftstellerin selbst glaubt, zurückgreifen zu können.

4.2.1 Kommunismus, Humanismus und Patriotismus

Georg Heisler, dessen Flucht zum Symbol für eine letzte Ohnmacht der NS-Herrschaft wird, ist Kommunist. Zur gleichen Partei gehörten, als sie noch nicht verboten war, alle übrigen entscheidenden Fluchthelfer mit Ausnahme Paul Röders, und Heinrich ist Mitglied einer illegalen Restorganisation, die immer noch Geld, Papiere und eine Verbindung ins Ausland besorgen kann. Die naheliegende und z. B. in Willi Bredels Roman *Dein unbekannter Bruder* (1937) gezogene Konsequenz, die Kommunisten zu einem politischen Subjekt des Widerstandes und zu heute schon berufenen Gestaltern einer künftigen Gesellschaft zu stilisieren, zieht das *Siebte Kreuz* nicht. Die Kommunisten in der Gegenwart des Romans werden vielmehr von vornherein in das größere Kollektiv all derer einbezogen, die angesichts eines Flüchtlings und gegen die staatliche Drohung auf ihrer elementaren Humanität beharren, und zwar ungeachtet früherer politischer Differenzen. Die politische Kampferfahrung aus der Vergangenheit der kommunistischen Arbeiterbewegung befähigt sie allenfalls, durch besondere Leidensfähigkeit und extremes Durchhaltevermögen innerhalb *dieses* Kollektivs eine Avantgardefunktion zu übernehmen (vgl. Kap. 3.2.3).

Das *Siebte Kreuz* ist immer wieder den politischen Bemühungen um die Errichtung einer antifaschistischen Volksfront zugeordnet worden. Diese Zuordnung ist nicht von der Hand zu weisen, aber die Bemerkung, Anna Seghers habe »unter dem Einfluß von Volksfrontpolitik« (Stephan 1975, S. 180) geschrieben, enthält auch einiges an Ungerechtigkeit. Anna Seghers hatte die Idee, alle nichtfaschistischen Positionen sollten sich angesichts des Faschismus zu einer Gemeinschaft zur Verteidigung der Humanität zusammenschließen, schon literarisch vertreten, als die KP-Führung noch der Sozialfaschismusthese gegen die SPD anhing. Zum zweiten ist ihre Version der Volksfrontidee frei von den inneren Gegensätzen, die sich sofort ergaben, als die exilierten Parteiführungen sich ihrer annahmen. Weder schiebt sie die programmatische Gemeinsamkeit der Humanität nur vor, um andere politische Positionen zu vereinnahmen und der eigenen unterzuordnen, noch kennt sie die Angst, in einer Einheitsfront mit den eigenen Anliegen unterzugehen. Zum dritten aber waren die Bemühungen um die Errichtung einer antifaschistischen Volksfront historisch bereits gescheitert, als sie die Arbeit am Roman abschloß. Anna Seghers' Vorstellung, daß alle Differenzen zwischen den Arbeiterparteien, vor allem aber zwischen den Individuen, die sich in politischen Parteien organisieren, angesichts des Faschismus bis zur Bedeutungslosigkeit relativiert seien, ist aus eigener Auseinandersetzung mit der politischen Wirklichkeit um 1933 entstanden, und sie schien ihr zur Entstehungszeit des *Siebten Kreuzes* dringlicher denn je.

Für das *Siebte Kreuz* wie für die früheren Exilromane Anna Seghers' ist die Gemeinsamkeit aller, die der faschistische Staat unterdrückt, überhaupt keine Angelegenheit einer Wahl zwischen Alternativen, sondern eine Kategorie der Beschreibung des historischen Weltzustands. In der Sichtweise des Romans hat der Siegeszug des Faschismus in Mittel- und Südeuropa eine welthistorische

Grenzsituation herbeigeführt, in der eine schlechthin antihumane Macht gegen nicht weniger als die Humanität angeht. In dieser Situation kann strenggenommen nicht einmal mehr von einem Bündnis verschiedener politischer Parteien gegen einen gemeinsamen Gegner die Rede sein, da alle nur noch einen und alle den gleichen Grund politischen Engagements haben.

Man mißversteht das *Siebte Kreuz* nicht, wenn man den Roman als literarisches Gründungsdokument einer Partei der Menschlichkeit liest, die keine Partei mehr sein, sondern gegen das nationalsozialistische Übel das humane Ganze verteidigen will. Die literarische Imagination einer solchen Partei der Menschlichkeit hat eine psychologische und eine politische Implikation. In der literarischen Imagination sind diejenigen, die der Nationalsozialismus beherrscht und verfolgt, schon zu einer antifaschistischen Aktionsgemeinschaft zusammengefaßt, die erfolgreich handelt. Der psychologische Wert dieser Imagination liegt darin, daß der nämliche Umstand, der den Grund der Verzweiflung abgibt – der Faschismus ist eine politische Gewalt, die jeden Tag neue Opfer schafft –, zugleich die erneuerte Hoffnung begründen soll. Die vorgestellte antifaschistische Aktionsgemeinschaft hat eine Neubewertung der politischen Zielsetzungen zur Folge. Die Neubewertung, die das *Siebte Kreuz* vornimmt, betrifft vor allem Anna Seghers' eigene, die Kommunistische Partei. Deren Einreihung in die universelle Partei der Humanität erweitert zum ersten die Legitimationsgrundlage, die den Zielen der politischen Organisation KP den Charakter einer politisch-moralischen Mission verleiht: Angesichts des Faschismus verfechten die Kommunisten nicht mehr nur die sozialen Anliegen der Arbeiterklasse, sondern die Sache der gesamten Menschheit. Diese Ausweitung des sozialistischen Auftrags führt zweitens zu einer aufschlußreichen Selbstinterpretation dessen, worin der Kern des kommunistischen Ideals bestehe. Im Rückblick auf die hundertjährige Geschichte der Arbeiterbewegung deutet das *Siebte Kreuz* die ökonomischen und politischen Kämpfe nicht nur, aber vor allem der Kommunisten als wahrgenommene Verantwortung für die *Nation* in allen ihren Gliedern.

»Was beinahe nie in der Geschichte geschehen war, aber schon einmal in unserem Volk, das Furchtbarste, was einem Volk überhaupt geschehen kann, das sollte jetzt uns geschehen: ein Niemandsland sollte gelegt werden zwischen die Generationen, durch das die alten Erfahrungen nicht mehr dringen konnten. [...] Da riß man das Beste aus, was im Lande wuchs, weil man die Kinder gelehrt hatte, das sei Unkraut.« (182 f.)

Analoge Aussagen finden sich in Wallaus innerem Monolog, der während seines letzten Verhörs einen Rückblick auf sein Leben formuliert (206 ff.). Das politische Anliegen, die bürgerliche Gesellschaft zu revolutionieren und eine sozialistische an ihre Stelle zu setzen, wird hier erläutert als eines der Ideale, wie die nationale Gemeinschaft zu gestalten sei. Es bekennt sich als eine Form, das Sorgerecht um die gemeinsame Zukunft der Nation wahrzunehmen. Die Kommunisten, die im *Siebten Kreuz* von sich und ihrem Anliegen sprechen, wollen »das Beste, was im Lande wuchs«, sein, sprich: die selbstlosesten, zu jedem Opfer bereiten Patrioten, und ihre sozialrevolutionären Ideale verstehen sie als hohe vaterländische Gesinnung. Deshalb erblickt der Roman in der physischen Ausrottung der Kommunisten im Herrschaftsbereich des Nationalsozialismus ein nationales Verbrechen, einen quasi hochverräterischen Anschlag auf die Zukunft Deutschlands.

Jenseits des sozialen Romans kennt das *Siebte Kreuz* nur den Faschismus und sein Gegenteil, den humanen Menschen, und im Kern des Menschen macht die Erzählung den Patrioten aus. Man darf diese Sichtweise als ehrliches, in keiner Weise berechnendes Selbstbekenntnis der Anna Seghers lesen. Dimitroffs Kritik an der KP der zwanziger Jahre, sie habe die nationalen Sehnsüchte des Volks dem Nationalsozialismus überlassen, unternimmt eine Kritik am Antinationalismus, der nicht nur bei organisierten Kommunisten verbreitet war. Damit legt er aber selbst kein patriotisches Bekenntnis ab, sondern fordert ein distanziert-kalkulierendes Eingehen auf die nationale Gesinnung. Ein solch distanziertes Verhältnis, das dem Patriotismus und dem Ideal der Volksgemeinschaft zwar eine Berechtigung zuspricht, aber eben eine begrenzte, aus übergeordneter Position erteilte, spricht auch aus dem Lob Lenins, das Ernst Bloch 1934 formulierte:

> »Wie anders hat bereits Lenin *Heimat* und *Folklore* einmontiert (die urkommunistischen Gentes scheinen hindurch); nicht nur spießig oder angesetzt zeigten sich hier die organischen Kräfte der *Familie*, die organisch-historisch gebliebenen der *Nation* umfunktioniert und in den Dienst einer *Volksgemeinschaft* gestellt, aber einer echten.« (Bloch 1962, S. 159)

Solche Distanz, die auf eine dem Bekenntnis zur Nation noch übergeordnete Perspektive verweist, findet sich im *Siebten Kreuz* nicht. Damit nimmt der Roman nicht nur im Verhältnis zu den politisch links orientierten Exilanten, sondern innerhalb des gesamten Exils eine Sonderstellung ein. In den 1942/43 entstandenen *Flüchtlingsgesprächen* schließt Brecht eine Diskussion über die Vaterlandsliebe – in der 10. Unterhaltung – mit einem Lobgedicht auf Deutschland aus eigener Feder, aber dieses Gedicht formuliert nicht das Fazit des Gesprächs, sondern steht in Gegensatz zur radikalen Ablehnung jeglicher nationalen Gesinnung, in der Ziffel und Kalle sich zuvor einig geworden sind; der Sinn der Vaterlandsliebe erscheint also zumindest als offene Frage. Auch bei dezidiert ›bürgerlichen‹ Autoren findet sich eher ein gebrochenes Verhältnis zur deutschen Nation. Durch den exzessiven Nationalismus der Nazis und die Loyalität der Deutschen gegenüber dem NS-Staat erschien ihnen ›Deutschland‹ immer weniger als Berufungsinstanz einer Anti-Hitler-Position, eher schon als ein politisch-psychologischer Komplex, der zu Bedenken Anlaß gab. Zum berühmtesten Zeugnis dieser Einschätzung wurde die Rede, die Thomas Mann 1945 über *Deutschland und die Deutschen* hielt. Solcher Skepsis verschließt sich das *Siebte Kreuz*. Der Roman sucht und findet das ›andere Deutschland‹ in Hitlers Machtbereich, reklamiert also auch die menschliche Basis des faschistischen Staats unmittelbar als Basis eines Staats mit der entgegengesetzten Staatsraison und gibt den gewünschten Sturz des Faschismus als nationale Mission aus. Die Seghers-Rezeption in der DDR neigte dazu, darin eine quasi prophetische Vorwegnahme der Geschichte zu sehen, nicht nur der Niederlage des Faschismus, sondern vor allem der Errichtung eines sozialistischen deutschen Staats mit dem Monopolanspruch auf die Moralität des Antifaschismus. Diese Ex-post-Interpretation ergibt sich aber nicht aus dem Roman, und sie ergab sich auch nur, solange die DDR existierte. Versteht man den Roman aus seinem eigenen Horizont, dann zeigt sich, daß das Festhalten an einem ›anderen Deutschland‹ im wirklichen Deutschland Hitlers einen *nationalen Idealismus* darstellt. Zur Entstehungszeit des *Siebten Kreuzes* gab es keinerlei Indizien dafür, daß die Beseitigung des Faschismus sich auf das deutsche Volk berufen könnte – ganz im Gegenteil –, und der Sturz des Faschismus von außen war nirgendwo abzusehen. Auch hier spricht der Roman eine ehrliche Sprache, bevor er sich zu einem ›credo quia absurdum‹ durchringt. Nachdem Füllgrabe ins KZ zurückgebracht und ans sechste Kreuz gefesselt ist, heißt es von den Häftlingen:

> »Diejenigen unter den Häftlingen, die an nichts anderes glaubten als an die Kraft, die dem Menschen innewohnt, dachten, daß diese Kraft nur noch in ihnen selbst lebte und ihr Opfer nutzlos geworden sei, und ihr Volk sie vergessen hätte.« (321)

Das *Siebte Kreuz* formuliert die menschlich-patriotische Verzweiflung und weist sie zugleich mit einem Bekenntnis zurück: Die Opfer dürfen nicht umsonst sein, und deshalb darf das Volk sie nicht vergessen. Der Roman will das stellvertretende Gedächtnis des Volks sein, auch wenn er selbst noch schildern muß, daß das wirkliche Volk alles vergißt, was es aus seiner Erfahrung des Faschismus weiß, und daß die humanen Potenzen unter der NS-Herrschaft eine leidende und zusehends schwindende Größe darstellen.

4.2.2 Geschichte, Mythos, Utopie

Das *Siebte Kreuz* ist kein Geschichts-, sondern ein Zeitroman. Prinzipien der historischen Bewegung, die Einordnung des Nationalsozialismus in ihren Prozeß, die Frage nach dem üblen oder – wie in Heinrich Manns 1945 abgeschlossenem Roman *Empfang bei der Welt* – vielleicht doch guten Ende der Geschichte sind nicht sein Thema. Dennoch bietet die Erzählung eine Fülle historischer Bilder auf, die eine für das Ganze des Romans unverzichtbare generelle Hinsicht auf die Geschichte transportieren. Sie sind in der Geschichtsvision des ersten Kapitels konzentriert vorgetragen und dadurch jederzeit präsent, wo das Historische der Handlungsschauplätze angesprochen wird (vgl. Kap. 3.3). ›Geschichte‹ steht im *Siebten Kreuz* zum einen für die Endlichkeit jeder Form von Herrschaft, zum zweiten aber dafür, daß, vom Wechsel der Mächte und Gewalten unberührt, eine fortwährende Entfaltung humaner Kultur sich ereigne. Dieses Geschichtsbild transportiert eine Teleologie, die darin eigentümlich ist, daß sie Ziel und Verlauf der Geschichte nicht mehr unterscheidet: Hoffnungträger ist die Geschichte nicht darin, daß der historische Prozeß zu einem wünschenswerten Resultat führt, sondern darin, daß Geschichte nicht zum Erliegen kommen kann, der Wechsel der Mächte also weiter statthat. Damit revidiert Anna Seghers die historisch-materialistische Geschichtsphilosophie der Partei, der sie angehört: Für ihren antifaschistischen Roman liegt das Versprechen der Geschichte nicht in der klassenlosen

Gesellschaft, in der die Staaten absterben, weil politische Macht sich erübrigt, sondern in der ewig wiederholten Wachablösung historischer Mächte. Anna Seghers verfolgte gewiß nicht die Absicht einer programmatischen Revision der historisch-materialistischen Geschichtsdialektik, in der Tat aber nahm sie eine solche Revision vor.

Den DDR-Germanisten, die für Anna Seghers' Werk ›zuständig‹ waren, entstand daraus die Mühe, das Geschichtsbild des *Siebten Kreuzes* vor der amtlichen Geschichtsphilosophie zu retten; allerdings kam die rechtfertigende Suche nach Elementen des historischen Materialismus nicht weiter als bis zur Feststellung, daß der Roman »Gegenwart und Vergangenheit als geschichtlichen Zusammenhang erweist, dem gegenwärtigen Geschehen seine geschichtliche Bedeutung beimißt und die Menschheitsgeschichte als Maßstab heutigen Verhaltens herbeizitiert« (Wagner 1978, S. 168), kurz: daß er überhaupt einen der Gegenwart übergeordneten geschichtlichen Prozeß ins Spiel bringt. Mit dieser abstrakten Feststellung und dem Hinweis, daß frühere Erzählungen der Schriftstellerin keinerlei historische Dimension aufweisen, konnte man dann die Autorin des *Siebten Kreuzes* wenigstens auf dem Weg hin zu einer materialistischen Geschichtsphilosophie erblicken – und das, obgleich das Geschichtsbild dieses Romans keine aufsteigende Linie des Fortschritts kennt, sondern den Fortschritt nur im quasi naturhaften Rhythmus erblickt, der auf den Aufstieg einer Macht deren Zerfall folgen läßt.

In die defensive Hoffnung darauf, daß ein subjektloser Geschichtsprozeß die Beendigung der Nazi-Herrschaft garantiere, fügt sich die Vorstellung von der kontinuierlichen Entwicklung humaner Kultur ein. Dieser Entwicklung schlägt der Roman die Christianisierung Mitteleuropas ebenso zu wie die Französische Revolution, ohne daß der Fortschritt mit der Überwindung der alten Götter oder mit den Bürger- und Menschenrechten zusammenfiele. Als diejenige Errungenschaft, welche die jahrtausendealte Kulturentwicklung dinglich verkörpert, präsentiert die Erzählung die veredelten Äpfel, die seit Bonifatius' Zeiten an den südlichen Taunushängen geerntet werden. Dieses Dingsymbol ist dem Bereich der jedermann zugänglichen Erfahrung entnommen; es steht zugleich für eine kleine, aber elementare sinnliche Freude und für einen Umgang mit der Natur, der – im Gegensatz zur historisch-materialistischen Lehre von der gesetzmäßigen Entwicklung der Produktivkräfte, d. h. der technischen Naturbeherrschung – nicht auf die Unterwerfung der Natur unter gesellschaftliche Interessen hinausläuft, sondern auf hegender Verbundenheit mit der Natur beruht. Der Geschichtsprozeß, wie das *Siebte Kreuz* ihn faßt, beschreibt keine Aufwärtsbewegung zu einem positiven Ziel, und die behauptete kulturelle Entwicklung stellt nicht die Vorstellung substantieller Veränderung in den Vordergrund, sondern die Idee der Bewahrung einer humanen Substanz, die tiefer liegt als der Aufstieg und Fall der Mächte und durch diese Bewegung nicht zu tangieren ist. Es ist nur adäquat, daß dieses Geschichtsbild nicht in der Dimension der Zeit, sondern in der des Raumes sinnfällig wird: Die Geschichte ist präsent in Gewölbe und Denkmälern des Mainzer Doms und vor allem in der Landschaft zwischen Rhein, Main und Taunus. In ihnen ist der ›Geist‹ der Geschichte als untergründige, aber wirkliche Seele des historischen Hier und Jetzt vorstellig gemacht. Das Bewußtsein, das sich in diesem Geschichtsbild ausdrückt, ist genaugenommen kein Bewußtsein von Geschichte, sondern von Heimat. Es bezieht seine Zuversicht aus der subjektiven Verbundenheit mit einer Region, in der schon seit Jahrtausenden Menschen nicht nur den Sturm der über sie hinwegmarschierenden Mächte standhaft erdulden, sondern im Einklang mit dem Rhythmus einer freundlichen Natur das kleine Glück finden, das ihnen keine herrscherliche Gewalt nehmen kann.

Neben der Geschichte ist der *Mythos* – die christliche Heilsgeschichte wie die vorchristliche Mythologie – die zweite, gleichberechtigte Berufungsinstanz der Hoffnung, daß die duldende Menschlichkeit dauerhafter sei als alle destruktiven Kräfte. Die offenkundige Bedeutung mythischer Elemente im *Siebten Kreuz* ist in der Seghers-Forschung in Ost und West registriert und vielfach beschrieben worden. Martin Straub vergleicht die Flucht Heislers mit der Odyssee und weist dieser Analogie den gleichen Rang zu wie den Motiven aus der christlichen Passion (Straub 1977, S. 137 ff.). Peter Beicken sieht Parallelen zwischen Passagen, in denen der soeben aus dem KZ Geflohene und von seinen Bewachern Gejagte seine Verwandlung in einen Baum imaginiert, und dem Daphne-Mythos (Beicken 1983, S. 268). Bernhard Greiner stellt einen Zusammenhang zwischen Heisler und den alttestamentarischen Propheten und Richtern her, da es ihm gelinge, »im Volk immer neue Menschen zu erwecken« (Greiner 1988, S. 85). Allerdings hat sich Erika Haas in der bislang ausführlichsten Untersuchung des Mythos im Erzählwerk von Anna Seghers gegen die Auffassung ausgesprochen, dem *Siebten Kreuz* liege eine mythische Weltinterpretation bzw. der Versuch, eine solche zu restituieren, zugrunde. Diese Einschätzung läßt sich durch einen Vergleich mit anderen Exilwerken unterstützen, denn Anna Seghers' Rückgriff auf den Mythos ist in der Exilliteratur kein singulärer Vorgang.

Das gewichtigste Beispiel für die Aktualisierung des antiken Mythos stellt Hermann Brochs großes Werk *Tod des Vergil* (1939-1945) dar. In einem großangelegten Versuch, der an die Grenze des sprachlich Darstellbaren stößt, versucht Broch, eine als irrational erlebte Gegenwart durch die Irrationalität des Mythos zu entschlüsseln; diese Entschlüsselung verspricht keine Aussicht auf eine historische Wende zum Besseren, wohl aber den Vorstoß in eine ewige Archetypik menschlichen Lebens, in deren Angesicht alle gegenwärtig bedrängenden Konflikte zunichte werden. Anders als Broch aktualisiert Alfred Döblin, der im Exil zum Katholizismus konvertierte, die christliche Transzendenzvorstellung (*Schicksalsreise*, 1940): Gläubig postuliert er ein jenseitiges Sinnzentrum allen schlimmen Zeitgeschehens, das, wenn es erkannt und anerkannt wird, die schlechte Wirklichkeit moralisch wie praktisch zu transzendieren erlaubt. Wie bei Broch und Döblin verschwimmen im *Siebten Kreuz* die Grenzen von Historie und Mythos. In der Auffassung des Mythos unterscheidet sich Anna Seghers' Roman aber nachhaltig von Broch wie von Döblin. Für ihre Erzählung ist die Mythologie nicht der Schlüssel für ein diskursiv-rational nicht mehr zu fassendes ›Geheimnis‹ der historischen Gegenwart, sondern das poetische Medium zur Übermittlung einer ohne Verlust diskursiv zu fassenden ›Botschaft‹: Der Mythos steht für die Unbesiegbarkeit der Humanität, für die paradoxe Zuversicht, daß alles, was Menschen ohnmächtig erdulden müssen, Anlaß zu der Zuversicht ist, sie seien stärker als ihre Widersacher. Im Unterschied zu Döblins erneuertem Christentum erscheint im *Siebten Kreuz* die christliche Dialektik von Leiden und Erlösung nicht als möglicher Ausweg in eine – wie auch immer gefaßte – Transzendenz, sondern als Ausdruck einer Menschlichkeit, die in jeder Niederlage Trost und die Zuversicht findet, um gestärkt aus ihr hervorzugehen.

Der Roman unterscheidet nicht urtümliche Mythen wie den Mithras-Kult von antiker Mythologie und jüdisch-christlicher Heilsgeschichte, sondern zitiert sie unterschiedslos als Manifestationen eines menschheitlichen Gesamt-Mythos. Wie auch sonst in ihrem erzählerischen Werk fasziniert Anna Seghers das Dunkle, Unerklärliche der Mythen ästhetisch, und diese ästhetische Faszination beruht wiederum auf der psychologisch-moralischen Valenz, die sie den Mythen durch eine Umkehrung der Feuerbachschen Religionskritik abgewinnt: Die mythischen Projektionen einer letztlich sinnhaften, menschengemäßen Weltordnung, in denen laut Feuerbach der Mensch seine eigenen Potenzen von sich entfremdet, verbürgen denjenigen, »die an nichts anderes glaubten als an die Kraft, die dem Menschen innewohnt« (321), die Zuversicht einer letzten Immunität ihrer Menschlichkeit. Freilich verkehrt diese Sichtweise der Mythen nicht nur Feuerbachs Philosophie, die in der Religion eine Depotenzierung des Menschen sah, in ihr Gegenteil, sondern zugleich die marxistische Kritik an Mythos und Religion. Daß Mythen Bilder unhintergehbarer Abhängigkeit des Menschen von übergeordneten Kräften formulieren, gereichte ihnen in der marxistischen Religionskritik stets zu dem Vorwurf, sie seien falsches, herrschaftsbejahendes Bewußtsein; die Naturabhängigkeit, auf der die mythisch-religiösen Weltbilder historisch beruhten, sei schon durch die Naturbeherrschung in der großen Industrie des Kapitalismus überwunden, und ihre Irrationalität sei durch die wissenschaftliche Erklärung von Natur und Gesellschaft überholt. Im Grunde zeichnet Anna Seghers' Roman das gleiche Bild von den Mythen und Religionen wie die Religionskritik – er versieht aber die dort kritisierte Abhängigkeit und Irrationalität der mythischen Vorstellungswelt mit einer positiven Bewertung. Eben die im mythisch-religiösen Denken bejahte elementare Abhängigkeit von der Natur bzw. einem göttlichen Weltplan prädestiniert diese Weltbilder zu Vor-Bildern einer Haltung, die sich angesichts der verzweifelten Abhängigkeit von der gegenwärtigen Macht des Nationalsozialismus nach dem Anschluß an Mächte sehnt, die elementarer und dauerhafter sind als die der Gegenwart.

Aus dieser Perspektive gesehen spricht die irrationale Hoffnung, die sich auf die mythisch-religiösen Versprechungen einläßt, nicht gegen sie, sondern sie erhebt sie geradezu zum Modell humanen Beharrungsvermögens: Das subjektive, irrationale Ungefähr des Glaubens kann helfen, eine historische Situation durchzustehen, deren Ende durch wissenschaftlich fundierte Prognose nicht abzusehen ist. So zitiert der Roman die Mythen und Religionen als sinnhafte Bilder, in denen die humane Naturseele aller Epochen sich darstellt und den Gegenwärtigen die Gegenwart ihrer Rettung verspricht. Nichts liegt dieser moralisch-psychologischen Aufwertung mythischer Muster des Denkens und Vorstellens ferner als die Kritik am Mythos, die Max Horkheimer und Theodor W. Adorno im Exil entwickelten und in der *Dialektik der Aufklärung* 1943/44 niederschrieben. Horkheimer und Adorno faßten an den mythischen Denkformen das Heraustreten des Menschen aus der Einheit mit der Natur – erkenntnistheoretisch formuliert die Entgegensetzung von Subjekt und Objekt – auf und erblickten darin den Beginn des instrumentellen, auf Beherrschung gerichteten Denkens, das sich in der »Dialektik der Aufklärung« entfaltet und im Faschismus seine radikalste Ausprägung gefunden habe. *Das Siebte Kreuz* hingegen versteht den Mythos nicht als den Anfang des gegenwärtigen Übels, sondern als den je schon gegebenen Anfang seines Endes.

In der Gestalt, die Geschichte und Mythos im *Siebten Kreuz* annehmen, stellt sich eine *Utopie* dar, die sich strikt weigert, ihren Status als Utopie zu akzeptieren. Die positiven Figuren des Romans wie die historisch-mythische Hinterwelt des Geschehens verkörpern das Andere des Faschismus, in ihnen hat der Leser den »Vorschein« (Bloch) einer grundsätzlich anderen Welt – und zugleich tut die Erzählung alles, damit dieses Andere nicht als räumliches oder zeitliches Jenseits erscheint. Der Roman kann sich und dem Leser vorstellen, daß der nationalsozialistische Staat Herrschaft ist, also von denen, die er als sein Menschenmaterial handhabt, immer noch zu unterscheiden ist; daß unter den mehrheitlich folgsamen Volksgenossen doch etliche sind, die sich nicht nur einen moralisch-theoretischen Dissens bewahrt haben, sondern mithelfen, dem maßlosen politischen Verfolgungsinteresse ein Schnippchen zu schlagen; daß es dazu keiner ausgefeilten ›wissenschaftlichen Weltanschauung‹ bedarf, sondern das Motiv der Selbstbehauptung als moralisches Subjekt vollkommen hinreicht. Was der Roman an der sozialen Wirklichkeit, die er eindringlich vergegenwärtigt, nicht mehr vorstellbar machen kann, ist die These, daß diese humane Selbstbehauptung die mächtigere Gegenwart darstelle, mächtiger als die nationalsozialistische Gewalt. Damit *ist* diese Selbstbehauptung Utopie: ein Gültiges, das aber nicht jetzt und nicht hier gilt, sondern das Ideal eines Anderen bildet, dessen Realität in Zeit und Raum von der Gegenwart verschieden ist.

Auf dem Eingeständnis dieser Trennung beruhen die Utopien der Exilliteratur – Hermann Hesses *Glasperlenspiel* (1943) und Franz Werfels *Stern der Ungeborenen* (1943-1945) –, und eben dies Eingeständnis ist für die patriotische Moralität der Autorin ein Ding der Unmöglichkeit. Die Geschichte und der mythisch-religiöse Komplex sind die ›Sprachen‹, deren Gebrauch der Erzählung hilft, ästhetisch die mächtige Gegenwart dessen zu suggerieren, was in Wirklichkeit nur anderswo und später vorstellbar ist. Es ist nur konsequent, daß das *Siebte Kreuz* nicht selber in diesen Sprachen spricht, sondern sie zitiert. Weder versucht Anna Seghers – im Unterschied zu Broch –, den antiken Mythos fortzuschreiben, noch geht ihre Ambition auf die Kreation einer ästhetischen Weltanschauung, die als neuer Mythos gelten könnte. Sie steht distanzlos zur *Form* mythischen Denkens und Vorstellens, aber distanziert zu jedem bestimmten Inhalt der zitierten Mythologien, und so hält sie es auch mit dem jüdisch-christlichen Glauben. Anders als

Döblin oder Werfel ist sie nicht an bestimmten Glaubensgehalten interessiert, sondern an der moralisch-psychologischen Haltung der Gläubigen und ihrer Gemeinde: Es geht ihr darum, in der Hoffnungslosigkeit die Hoffnung festzuhalten.

Die spezifische Mischung aus Hochachtung vor den mythisch-religiösen Weltbildern mit dem Vorbehalt, sie gegen deren Eigensinn zu verstehen, verbindet Anna Seghers mit Ernst Bloch. Auch Bloch hat keine Utopie geschrieben, hat nicht sein Wunschbild einer klassenlosen Gesellschaft konkretisiert, sondern in seinen Exilwerken *Erbschaft dieser Zeit* und *Prinzip Hoffnung* (entstanden 1938-1947) Utopien interpretiert, die keineswegs die seinen waren. Ihm ging es um den *»Geist der Utopie«*, wie der Titel seines frühen Werks lautet, anders formuliert: um das *Verfahren* utopischen Denkens und zumal um die Hartnäckigkeit, in der durch die gesamte Geschichte hindurch Menschen in Bedrängnis die Überwindung dieser Bedrängnis als in ihrer Realität sich ankündigenden Vorschein imaginiert haben. Blochs mit enormer sprachlicher Verve vorgetragene Deutungen, die noch den Führermythos und die Vorstellung vom »Dritten Reich« den Nazis entreißen und in eine fortschrittlich-revolutionäre Tradition einreihen wollen (Bloch 1962, S. 162, S. 126 ff.), täuschen leicht darüber hinweg, daß den zitierten Mythen der authentische Bann nicht mehr zukam, dessen vereinnahmende Potenz er dem Sozialismus zurückerobern wollte.

Das *Siebte Kreuz* gibt sich weniger sprachgewaltig und daher in einer Hinsicht ehrlicher: Der Roman beschwört die alten Bilder nicht, sondern *zitiert* sie in der sprachlichen Nüchternheit, die den Erzählton durchgängig prägt. So gibt er zu erkennen, daß er nicht selber im Bann der Bilder steht, sondern eine sprachlich überlieferte Kultur anführt, die er – im Unterschied zu den Mythen – tatsächlich fortschreibt. Und er zeigt gerade an den mythisch-historischen Zeugnissen für die erhoffte Unerschütterlichkeit des Humanen, daß seine Hoffnung der Verzweiflung abgetrotzt ist.

4.3 »Moderierter Modernismus« – zur Poetik des Romans

Alexander Stephan hat den Erzählstil des *Siebten Kreuzes* als »moderierten Modernismus« identifiziert und den Roman damit gegen seine Vereinnahmung als Musterbeispiel des sozialistischen Realismus verteidigt (Stephan 1985a, S. 47). Dem Modell eines ›geschlossenen‹ Erzählens, das Lukács am Vorbild des bürgerlichen Realismus entwickelte und zur Entstehungszeit des Romans im Expressionismusstreit geltend machte, verweigert sich gerade der Realismus von Anna Seghers' sozialem Roman, der an die literarische Avantgarde der 20er Jahre anknüpft (vgl. o., S. 12 f.). Der Querschnitt durch die faschistisch formierte Gesellschaft und die Erzähltechniken der epischen Differenzierung führen Darstellungsweisen fort, die im Großstadtroman jener Zeit entwickelt wurden – vor allem John Dos Passos' *Manhattan Transfer* (1925) und Döblins *Berlin Alexanderplatz* (1929) sind hier anzuführen. Während die meisten Romanschriftsteller des Exils sich von diesen ›experimentellen‹ Schreibweisen rasch abwandten, fand Anna Seghers in ihnen fruchtbare poetische Methoden, die Wirklichkeit des nationalsozialistischen Deutschland adäquat aufzufassen. Die avantgardistischen Erzähltechniken beruhen auf der Überzeugung, daß es unmöglich sei, den ›sachlichen‹ Konnex der Gesellschaft als sinnhaften Zusammenhang vorzuführen – eine Auffassung, die eine Kritik an der zeitgenössischen Gesellschaft wie an der literarischen Tradition enthält. Sie erproben daher eine Erzählweise, welche die vorgefundenen Zwangszusammenhänge mit ihrer subjektfeindlichen Sachlichkeit, die Abhängigkeit der Individuen von Voraussetzungen, derer sie nicht mächtig sind, die Zufälligkeit und Hinfälligkeit menschlicher Verbindungen und die Entfremdung der Individuen von sich selbst unmittelbar zur Sprache bringt. Anna Seghers fand die dabei entwickelten Darstellungstechniken der Perspektivierung, Fragmentierung und Montage gerade dort angemessen, wo die Gewalt des Faschismus die ›Sache‹ ist, die den Zwangszusammenhang stiftet.

Zugleich ist unverkennbar, daß Anna Seghers' Roman die Techniken der Realitätsfragmentierung und der Montage modifiziert. Die Auffassung vom Niedergang des Subjekts und von der allgemeinen Zerrissenheit, die diesen Darstellungsweisen eingeschrieben ist, behält bei ihr nicht das letzte Wort. Die Aufsplitterung der Handlung in weit über 100 Geschehnispartikel und deren Montage zertrümmert nicht die Realitätswahrnehmung, und zwar auch dort nicht, wo die Einzelszenen in harter Fügung gegeneinander gesetzt sind. Die Montage vereitelt nicht die synthetische Wahrnehmung, sondern fordert sie heraus. Es findet sich auch keine Auflösung der Sprache, die auf eine allgemeine Sprachproblematik verweisen würde. Zwar wird deutlich, daß der Roman die traditionelle Sprache der Literatur wie diejenige der Politik nicht mehr für tragfähig hält. Aber das *Siebte Kreuz* unternimmt es noch, eine eigene konsistente Sprache zu entwickeln. Die Erzählung nimmt das Literarische der Sprache bewußt zurück, formuliert unprätentiös, ja unauffällig und verweigert auch den ›großen‹ Taten und Opfern die große sprachliche Geste. Damit grenzt sie sich nachhaltig gegen den Gestus des Heroischen ab, den die Nazis kultivierten, der aber – wie Wochenschauen aus der unmittelbaren Nachkriegszeit mit ihrem für den heutigen Zuschauer befremdlichen Ton zeigen – das Sprechen über politische und soziale Sachverhalte in den 30er und 40er Jahren generell prägte. Obwohl der Roman im Nationalsozialismus eine weltgeschichtliche Grenzsituation ausmacht, vermeidet er das darin eigentlich vorgegebene Pathos. Gerade in Situationen mit heroisch-pathetischer Konstellation – so z. B. im letzten Verhör Wallaus vor seiner Ermordung – ist die Erzählung ganz auf Objektivierung abgestellt. Die Hoffnung auf einen Sieg der Menschlichkeit über den Faschismus tritt nirgendwo in der Form der Verkündigung auf, sondern wird durch eine Symbolik vergegenwärtigt, die den ›hohen‹ Inhalt als anschaulichen Gegenstand der erzählerischen Vergegenwärtigung faßt, ihn also verdeutlicht, ohne selber zu ›hoher‹ Sprache greifen zu müssen. Im indirekten Pathos der Situationsschilderung wie in der Objektivierung der dem Faschismus entgegengehaltenen humanistischen Hoffnung grenzt der Roman sich gegen die Sprachformen der Epoche des Faschismus ab, und durch diese Abgrenzung erscheint sie ihm noch als tragfähiges Medium.

Die Poetik des *Siebten Kreuzes* kombiniert wichtige Elemente avantgardistischer Schreibweise mit Elementen traditioneller Erzählkunst wie z. B. der Einheit von Ort und Zeit, die eine nicht nur äußere Einheit der verschiedenen Handlungen verbürgen. Diese verschiedenen poetischen Elemente lassen sich aber nach keinem vorgegebenen Schema sortieren. Die Gleichung, daß Realismus eine rückwärtsgewandte, der modernen Gegenwart nicht angemessene Schreibweise sei, läßt sich auf Anna Seghers schon deshalb nicht anwenden, weil der Realismus des *Siebten Kreuzes* ganz an den Techniken des experimentellen Großstadtromans hängt. Auch die Entgegensetzung von analytisch-zerlegender und auktorial-synthetischer Erzählweise läßt sich an diesem Roman nicht leicht durchhalten. Oftmals nähert nämlich die Erzählung das Montageverfahren an die Funktion des auktorialen Erzählers an, ohne die analytischen Wirkungsmöglichkeiten der unvermittelten Fügung – die Verfremdung des Beschriebenen, die Durchbrechung gewohnter Wahrnehmungsweisen – abzuschwächen. Im Gegenteil: Zu den erzählerischen Qualitäten des Romans gehört die Kunst, in der Darstellung das Dargestellte zu diskutieren, d. h. die im Montageverfahren offengelegten Brüche ›auktorial‹ mit einem bestimmten Inhalt zu füllen; damit werden diese Brüche aber keineswegs überdeckt, sondern verschärft. Ein gelungenes Beispiel dafür findet sich in der bereits angeführten Szene, in der Heisler aus der Straßenbahn den mit Musik begleiteten Aufmarsch der Soldaten beobachtet. Die eindringliche Schilderung des Sinnlichen der Musik und der Faszination der Zuschauer geht in einen Passus über, in dem die Wahrnehmung mit Gedanken versetzt wird, die diejenigen Georgs oder auch eines Erzählers sein können:

»Das ist der Marsch, der die Menschen aufwühlt, daß es ihnen den Rücken herunterläuft, daß ihre Augen leuchten. Was für ein Zauber ist das, zu gleichen Teilen gemischt aus uralter Erinnerung und vollkommenem Vergessen? Man könnte glauben, der letzte Krieg, in den dieses Volk geführt wurde, sei das glücklichste Unternehmen gewesen und hätte nur Freude gebracht und Wohlstand. Frauen und Mädchen lächeln, als hätten sie unverwundbare Söhne und Liebste.

Wie die Jungen den Schritt schon gelernt haben in den paar Wochen – Mütter, die ängstlich und mit Recht bei jedem Pfennig ›wofür‹ fragen, werden, solange man diesen Marsch aufspielt, die Söhne hergeben und Stücke ihrer Söhne. Wofür? Wofür? Das werden sie sachte fragen, wenn die Musik verhallt ist. Dann wird der Fahrer wieder ankurbeln [...]«. (257)

Erzähltechnisch stellen die eingefügten Gedanken Distanzsignale dar, die den Leser vor der Faszination durch die Ästhetisierung der militärischen Gewalt bewahren sollen, der die unmittelbaren Augenzeugen des Aufmarschs erliegen. Dem Inhalt nach gehen sie aber über die verfremdende Distanzierung hinaus: In den rhetorischen Fragen und in der Erinnerung an das vergleichsweise vernünftige Alltagsverhalten der Mütter ist eine durchgeführte Kritik an den Widersprüchen enthalten, in welche die Hingabe an die ästhetische Vereinnahmung für die Gewalt führt. Es ist, als wollte die Erzählung den Menschen, von denen sie erzählt, zugleich Gründe übermitteln, aus denen sie sich der ästhetischen Vereinnahmung verweigern sollten. Dieser imaginierte Dialog ist nur aus auktorialer Position zu führen. In der Erzählform aber verzichtet das Widersprüche aufzeigende Subjekt auf die autoritative Position eines auktorialen Erzählers, beansprucht also in aller poetischen Form keine andere Autorität als jeder andere Zeuge des Geschehens, der fähig wäre, die Distanz des Beobachters durchzuhalten.

Die poetischen Verfahrensweisen des *Siebten Kreuzes* sind nur schwer in ein Schema mit den Extremen ›Avantgardismus‹ und ›traditionelle Erzählkunst‹ einzuordnen. Es ist nicht einmal generell festzustellen, ob die vorfindlichen Kunstgriffe traditionellen Erzählens die Wirkung der experimentellen Verfahren konterkarieren oder, wie im angeführten Beispiel, verstärken. Die Widersprüche der Gesamtkonzeption des Romans spiegeln sich nicht linear in ästhetischen Brüchen entlang der Scheidelinie zwischen Avantgarde und Tradition. Das liegt daran, daß Anna Seghers die verschiedenen Darstellungsmethoden nicht schematisch, sondern ihrem ästhetischen Eigensinn gemäß anwendet – so weit, wie dieser Eigensinn mit dem Resultat ihrer Auseinandersetzung mit der faschistischen Wirklichkeit übereingeht. Die Fragmentierung der Wirklichkeit und die verfremdende Montage zielen, wie in den Großstadtromanen der 20er Jahre, auf einen ästhetischen Gesamteindruck, der die Annahme, hinter den zunächst vielleicht widersinnig erscheinenden Zuständen liege eine tiefere Ordnung, nachhaltig dementiert. Eben hier liegt der Gegensatz zu der weltanschaulichen Forderung, die Lukács in der Form einer poetologischen Mängelrüge gegen Anna Seghers' Roman vorgetragen hat. In seinen *Essays über Realismus* (1948) bemerkt er zum *Siebten Kreuz*:

> »Das tiefe Warum des Kampfes, das Herauswachsen seines gesellschaftlich-geschichtlichen Sinnes aus individuellen Erlebnissen, Zusammenhängen, Konflikten lebendiger Einzelmenschen bleibt auch hier von einem – dichterisch allerdings hochwertigen – Schleier verhüllt.« (Lukács 1971, S. 525)

Lukács fordert die Einordnung selbst noch der faschistischen Gewalt in eine letztlich doch sinnvolle Ordnung – für den Roman aber ist eine Perspektive, die den Nationalsozialismus noch positiv in ein sinnvolles und darin menschengemäßes Ganzes einbezieht, undenkbar. Mehr noch: es ist diese Zumutung, der das *Siebte Kreuz* mit allem Einfallsreichtum avantgardistisch-experimenteller Methoden polemisch entgegentritt. Zugleich aber, und darin liegt die grundlegende Aporie des Romans, hält er daran fest, daß im Deutschland von 1937/38, daß in der faschistisch formierten Gesellschaft das andere Deutschland präsent ist, und zwar in unbeschädigter, ja unantastbarer Gestalt. Für dieses Credo bemüht die Erzählung traditionelle Sinn-Bilder wie die Landschaft, die darin gewachsene Architektur, aber auch die Idylle der Marnet-Familie und die Erinnerung an Mythos und religiösen Glauben. Die Aporie, daß das *Siebte Kreuz* eine der historischen Wirklichkeit absolut entgegengesetzte und doch in ihr präsente Sinnordnung behauptet, durchdringt die Erzählung in der paradoxen Metaphorik der leidenden und daher siegreichen Güte, deren Bilder auch noch die poetische Funktion einer Integration der fragmentierten Wirklichkeit übernehmen. Geschichte und Mythos eröffnen keine neuen, unerschlossenen Horizonte, sondern sie fungieren in traditioneller Weise als Sinnträger für den sozialen und historischen Horizont: Noch ist Deutschland, der faschistischen Herrschaft zum Trotz, nicht verloren.

5 Zur Rezeption des »Siebten Kreuzes«

5.1 Schwierigkeiten mit dem Roman in Ost und West

Wie die Publikationsgeschichte des *Siebten Kreuzes* zeigt, stieß der Roman, als er in den ersten Nachkriegsjahren dem deutschen Lesepublikum zugänglich wurde, in Ost und West zunächst auf ein ungeteiltes Interesse (vgl. Kap. 1.4.2). Das änderte sich mit dem Einsetzen des Kalten Krieges und der Gründung zweier deutscher Staaten mit gegensätzlichen Gesellschaftssystemen. Deren politischer Gegensatz bestimmte binnen kurzem die Rezeption von Anna Seghers' Werk, und zwar nicht nur in dem äußeren Sinn, daß ihre Erzählungen in der DDR großzügig publiziert wurden, während sie im Westen bis in die 60er Jahre nur schwer zugänglich waren. Vielmehr entwickelten sich analog zur politischen Grenzziehung eine östliche und eine westliche Lesart ihres Werks, in der die Literatur die Nebenrolle, die jeweilige politische Optik aber die Hauptrolle spielte.

In der DDR avancierte Anna Seghers, mit staatlichen Orden dekoriert und zur Vorsitzenden des Schriftstellerverbands berufen, zum kulturellen Aushängeschild: Der Staat versah sie mit den politischen Attributen einer anerkannten Autorität, nicht um seine Politik künftig nach den Ratschlägen der Schriftstellerin einzurichten, sondern um sich einen lebenden Beweis für die Staatsideologie zu verschaffen, daß nur im Arbeiter- und Bauernstaat den Schwachen zur Gerechtigkeit, der humanen Ethik zu ihrem Recht und der Kunst zur Blüte verholfen werde. Freilich gereichte die politische Förderung, die Anna Seghers' Werk aus dieser Kalkulation zuteil wurde, namentlich dem *Siebten Kreuz* nicht immer zum Vorteil. Vielen Lesern in den ersten Nachkriegsjahren wurde der Roman, wie autobiographische Berichte bezeugen, noch zur aufrüttelnden Leseerfahrung (vgl. Rezeptionsbeispiele Kap. 5.2.1). Aber nachdem er zur Pflichtlektüre im Deutschunterricht bestimmt war, widerfuhr ihm, was manchem kanonischen Werk dort schon widerfahren ist: wird mit ihm geschulmeistert, entsteht vor allem Überdruß und Desinteresse. Das Fesselnde des Romans wurde benutzt, um die Paragraphen des ohnehin feststehenden ideologischen Katechismus zu repetieren und abfragbare Deutungsschemata einzuüben.

Ein weitaus komplexeres Bild bietet die fachgermanistische Befassung mit dem *Siebten Kreuz* in der DDR. Die Arbeiten von Wagner, Schlenstedt, Diersen und Straub – um nur einige bereits angeführte zu nennen –, die aus einer kontinuierlichen Befassung mit dem Werk von Anna Seghers hervorgingen, stellen seriöse literaturwissenschaftliche Untersuchungen dar, die Erhellendes über die Entstehungszusammenhänge des Romans, über die Auffassung seines gesellschaftlichen Sujets und über seine poetische Struktur zutage gefördert haben. Dennoch finden sich auch hier Ausführungen und Argumentationsfiguren, die keinen anderen Inhalt haben als die Projektion einer vorausgesetzten, politisch interessierten Optik auf den Roman, um diese Optik am Roman zu bestätigen und sie mit seiner ›Autorität‹ zu schmücken – ein zirkuläres Verfahren, das nicht mehr mit dem hermeneutischen Zirkel des Verstehens zu verwechseln ist, weil es Blindheit und manchmal Rücksichtslosigkeit gegenüber dem Text einschließt. Ein Beispiel mag genügen:

»So hat sich die Erzählerin mit ihrem Volk ins Benehmen gesetzt, hat die Verbundenheit mit ihm nicht nur aufrechterhalten, sondern vertieft. An ihrem Beispiel erweist sich, daß dem sozialistischen Künstler Wirklichkeitsnähe nicht geschenkt wird, sich nicht von selbst ergibt. Volksverbundenheit, Verbundenheit mit den entscheidenden Vorgängen im Volke ist eine Sache der grundsätzlichen Haltung und Entscheidung. Allerdings: Ins künstlerische Werk kommen sie immer nur durch fortdauernde Arbeit.« (Wagner 1978, S. 125)

Da ›Volksverbundenheit‹ zum Katalog der Anforderungen gehört, durch deren Erfüllung ein Werk die staatliche Approbation als sozialistische Literatur zu verdienen hat, wird das *Siebte Kreuz* als Dokument für die Volksverbundenheit der Autorin gelesen – ungeachtet dessen, daß das Volk, dem der Roman sich verbindet, eine von ihm selbst entworfene literarische Fiktion darstellt, während das Volk, soweit es realistisch geschildert ist, mehrheitlich sehr kritisch gezeichnet ist. Die Gedankenfigur, die den Roman mit der Forderung nach Volksverbundenheit vergleicht und ihm vorbildliche Pflichterfüllung attestiert, rechtfertigt den Roman vor dem literaturpolitischen Kriterienkatalog, mit der Konsequenz, daß damit zugleich der Katalog gerechtfertigt ist: Nun spricht auch das *Siebte Kreuz* dafür, daß das literaturpolitische Dogma ein Produktionsgesetz gültiger Dichtung selber sei. Was dabei verlorengeht, ist der Widerspruch des Textes, das Volk einmal als fungible Basis faschistischer Herrschaft und einmal als Gegenposition zum Faschismus zu fassen; diese Antinomie gibt nicht mehr Anlaß zu weiterführenden Überlegungen, sondern ist zugedeckt. Durchaus typisch ist auch, daß die Legitimation des Werkes als moralisches Lob der Autorin vorgetragen wird: Sie habe nicht nur vor einer quasi ewigen Anforderung sozialistischer Literatur die korrekte »Haltung« bewiesen, sondern sich auch noch die Mühe gegeben, aus diesem Bekenntnis Literatur zu verfertigen. Das Resultat solcher erbaulichen Betrachtungen ist ein doppeltes. Zum ersten wird eine selbständige historische Größe namens ›sozialistische Literatur‹ etabliert, die als eine den Schriftstellern vorausgesetzte historische Gesetzmäßigkeit gedacht ist; dieser Idee zufolge brachten die Schriftsteller sozialistischer Überzeugung nicht einfach ihre Auffassung über das, was richtig und wichtig ist, zum Ausdruck, sondern folgten einem überpersönlichen geschichtlichen Auftrag. Die politische Nutzanwendung muß nicht ausgesprochen werden, um verstanden zu werden: Durch diese Hypostasierung erhält der Sozialismus der DDR eine kulturelle Realität, lange bevor es den Staat DDR gab, und zugleich erscheint dessen politische Macht als Realisierung einer historisch-moralischen Notwendigkeit, die in der Literatur schon lange wirksam war. Zum zweiten: Die Würdigung des Romanes gerät zur Hommage an seine Autorin, die ihr den Status einer menschlich-moralischen Autorität zuerkennt, eine Erhöhung von Anna Seghers, die freilich, bezieht man sie ernsthaft auf ihre Person, nahe an der üblen Nachrede liegt. Die Vortrefflichkeit, die ihr bescheinigt wird, besteht nämlich nicht in der Selbständigkeit ihres politischen Urteils und der Freiheit ihrer poetischen Imagination, sondern in der korrekten Wahrnehmung einer Abhängigkeit.

An kongenialen Leistungen unter dem umgekehrten politischen Vorzeichen fehlte es im Westen nicht. Werner Buthge und Christa Degemann haben vor allem aus dem Bereich der Literaturkritik eindeutige Dokumente zusammengestellt (Buthge 1982, S. 229 ff.; Degemann 1985, S. 126 ff.). Zwar sind die Zeiten, da die geplante Neuauflage des *Siebten Kreuzes* im Rahmen einer Seghers-Gesamtausgabe einen öffentlichen Skandal auslöste, lang schon vergangen. Literaturkritik und Literaturwissenschaft in der Bundesrepublik haben den Roman in den Kanon der anerkannten Literatur des 20. Jahrhunderts aufgenommen. Besprechungen des Romans, die nur darauf angelegt sind, das kommunistische Bekenntnis der Verfasserin zu ›entlarven‹ und damit den Roman zu entwerten, blieben in der Minderheit. Häufiger kommt das subtilere Verfahren zur Anwendung, der Schriftstellerin ihre politische Parteinahme zu verweisen, indem man so tut, als ob in dieser Zurückweisung nicht die eigene Parteinahme des Lesers zur Sprache käme, sondern als ob es das *Siebte Kreuz* sei, vor dem der sozialistische Standpunkt der Autorin sich blamiere. Berühmt und viel zitiert wurde das folgende Diktum von Marcel Reich-Ranicki:

»*Das siebte Kreuz*, dieses große literarische Kunstwerk, ist heute ein Roman gegen die Diktatur schlechthin.« (in: Die Welt vom 3. 9. 1959)

Reich-Ranicki attestiert Anna Seghers' antifaschistischem (und alles andere als antikommunistischem) Roman eine abstrakte antidiktatorische Moral und spricht damit ein Kompliment aus, das einen kleinen Haken hat: Die faschistische Diktatur ist beseitigt, und damit hat die moralische Position des Romans nur noch einen realen Gegner, nämlich die Herrschaft der SED, die der Kritiker nicht beim Namen nennen muß, um sie ins Spiel zu bringen. Die Pointe des Lobs besteht also darin, die Schriftstellerin unter Berufung auf ihr eigenes Werk ins Unrecht zu setzen, und die ästhetische Anerkennung des Romans wird der politisch-ideologischen Polemik gegen einen Staat unterstellt, der im *Siebten Kreuz* überhaupt nicht vorkommt. In umgekehrter Komplementarität zur Legitimationsrede aus der DDR zeigt sich hier eine westliche Befangenheit in den Denkmustern des Kalten Krieges. Reich-Ranicki – der hier nur stellvertretend angeführt ist – argumentiert offenbar unter der Prämisse des Dogmas, daß Literatur immer und auf jeden Fall antikommunistisch sei: Nur dann ergibt sich nämlich aus der Feststellung, daß das *Siebte Kreuz* gute Literatur ist, der Schluß, daß der Roman »heute« ein Plädoyer gegen den Sozialismus darstelle.

Analog zum Affirmationsverfahren in der DDR-Germanistik macht sich in der westlichen Seghers-Kritik oft die Tendenz geltend, das literarische Werk auf einen Gesinnungsausweis der Autorin herunterzubringen: Die Beförderung der Schriftstellerin zur kulturellen Säulenheiligen der DDR wird akzeptiert, und das politische ›Containment‹ gegen den sozialistischen Staat wird als Kritik an der moralischen Statur der Anna Seghers ausgetragen. Mit den Kollegen aus der DDR trifft man sich auf dem Boden einer traditionellen Mystifikation des Poeten, derzufolge Dichter per se durch moralische Unfehlbarkeit ausgezeichnet seien. Wie weiland in der DDR manches Bauteil für ein solch superlativisches Seghers-Dichterdenkmal herbeigeschafft wurde, so leicht ließ sich im Westen feststellen, daß die wirkliche Anna Seghers diesem Ideal nicht entsprach. Inzwischen ergeben die bisher vorgebrachten Vorwürfe gegen die Schriftstellerin einen staatlichen Katalog von Taten und Unterlassungen, durch die Anna Seghers sich angeblich den Weg auf das Podest unanfechtbarer Moral selbst verbaut habe: Sie hätte die Orden und Ehrungen des SED-Staats ausschlagen, im Janka-Prozeß die Verteidigung übernehmen, gegen den Mauerbau protestieren und nicht zuletzt nach 1948 das Schreiben einstellen müssen, kurz: sie hätte eine andere Person mit der entgegengesetzten politischen Loyalität werden müssen – als ob eine solche politische Wende der Schriftstellerin am *Siebten Kreuz* auch nur einen Buchstaben geändert hätte.

Die Kritik nach dem beschriebenen Muster ist auf ihre Weise nicht minder fragwürdig als die Legitimationsbemühung im Osten. Eine derartige politisch-moralische Abrechnung hat nämlich, wie die komplementäre Affirmation, etwas Absurdes an sich. Die einen loben Anna Seghers als gute Kommunistin und Anhängerin des DDR-Staats, als es ihn noch gar nicht gab, und die anderen kommen zum gleichen Resultat, halten es aber für entlarvend. Das Lob unterstützt die sozialistische Position nicht, weil es sie schon voraussetzt. Die Entlarvung entlarvt nichts, weil Anna Seghers aus ihrer Überzeugung nie einen Hehl gemacht hat, und zeigt nur die eigene entgegengesetzte Überzeugung vor. Zugleich ersparen in diesem Schlagabtausch beide Seiten sich und dem Sozialismus jede *Auseinandersetzung*. Anna Seghers hat *ihre Gründe*, sich dem Sozialismus zuzuwenden, durchaus in literarischer Form formuliert; das *Siebte Kreuz* zählt in dieser Hinsicht zu den weniger ergiebigen Texten, weil der Roman gegen den Nationalsozialismus die Grenzen der nichtfaschistischen politischen Positionen gegeneinander in einen humanistischen Universalismus auflöst, aber den *Gefährten*, der *Rettung* und natürlich dem Gesamtwerk sind durchaus spezifische Hinweise zu entnehmen. Es ist nötig, die dort vorgetragenen Gründe zu diskutieren und zu kritisieren. Aber eben diese kritische Anstrengung unterbleibt, wo einer Autorin, die bekanntermaßen Kommunistin war, die gegenteilige Haltung als das Sollen entgegengehalten wird, das eigentlich schon immer für sie verbindlich gewesen sei.

Das Verfahren, die Literatur auf einen bloßen Anlaß herunterzubringen, um an der Person des Literaten sich den eigenen Glauben als den überlegenen vorzuführen, braucht im Grunde die Literatur nicht. Mehr noch: es verfehlt sie notwendig. Ein literarischer Text ist etwas anderes als ein Aktenordner, in dem Indizien für rechte oder unrechte Gesinnung abgeheftet sind. Wenn Denkmuster, die in Zustimmung wie in Ablehnung auf einen solchen Zensor-Blick hinauslaufen, in die Rezeption von Literatur eingedrungen sind, dann mag man dem entnehmen, wie schwer es war, sich der politischen Logik des Kalten Kriegs zu entziehen. Solche Befangenheit sollte sich nach dem Ende des Ost-West-Konflikts allerdings erübrigen. Sie zu überwinden, könnte sich lohnen, generell, aber auch im Fall des *Siebten Kreuzes*. Wer sich dem Roman nicht bloß nähert, um daran die im eigenen Selbstverständnis schon vorhandenen Gewißheiten zu bekräftigen; wer also die eigenen Gewißheiten, über die jeder verfügt, nicht als Ideen begreift, von denen er wie ein Unmündiger abhängig ist, der kann in seinen Seiten Neues, bisher noch nicht oder nicht so Gesehenes entdecken. Entgegen der allgemeinen Lesart im früheren Osten stellt die Erzählung keinen literarischen Vorgriff auf die Niederlage des Faschismus bzw. auf den Sieg des Sozialismus dar, sondern ein Zeugnis für die Schwierigkeit, am Ende der 30er Jahre einen solchen Wunsch noch literarisch vorstellbar zu machen. Um das zu bemerken, muß man freilich den ästhetischen und konzeptuellen Widersprüchen nachspüren, die der Text aufweist. Aber auch im Westen verdient das *Siebte Kreuz* mehr als ein bloß historisches Interesse. Ein Hinweis mag zur Unterstützung dieser These genügen. Die uneingeschränkte Verurteilung des Nationalsozialismus ist im ehemaligen Westen erst durch die Hollywood-Serie *Der Holocaust* wirklich populär geworden, allerdings um einen Preis: In der Auffassung dieser Serie erscheint der Faschismus als eine grundlose Bösartigkeit, von der gar nicht absehbar ist, wie ›normale‹ Menschen sich ihr anschließen konnten – und in der Konsequenz dieses Mißverständnisses empfinden Menschen jeglichen Alters die weitere Befassung mit dem Thema Nationalsozialismus als eine grund- und gegenstandslose Selbstkritik der Deutschen. Jene Auffassung und diese Empfindung bei einer Lektüre des *Siebten Kreuzes* durchzuhalten, dürfte schwerfallen, zumal der Roman seinen komplexen Gegenstand nicht von vornherein in moralisches Schwarz und Weiß auflöst, sondern sich analytisch-fragend zu Gewalt und Anpassung stellt.

Auch die literaturwissenschaftliche Seghers-Forschung kann sich nicht rühmen, das *Siebte Kreuz* erschöpft zu haben. Sie weist offene Fragen auf, die den Status von Forschungsproblemen haben, wie etwa das bisher noch nicht befriedigend geklärte Verhältnis von Realismus und mythischen Elementen. Der Roman gibt den professionellen Lesern aber mehr zu tun als nur vorhandene Einsichten abzurunden. Die Auskünfte, die das *Siebte Kreuz* enthält, sind keineswegs zur Gänze erfaßt, nicht die direkten über sein Sujet, erst recht nicht die indirekten, die seiner ästhetischen Gestalt und seinen konzeptuellen Widersprüchen zu entnehmen sind. Sie verweisen auf Umfang und Gewicht der Not, die der Faschismus selbst jenen bereitete, die seinem direkten Zugriff entflohen waren, und sie zeigen, was die Literatur in der Epoche der Weltkriege gegen diese Not aufzubieten hatte. Das ist von Belang nicht nur für die Exilliteratur, denn nicht nur in dieser Epoche ist Literatur der Not der Geschichte abgetrotzt.

5.2 Rezeptionsbeispiele

5.2.1 Nachkriegslektüre

Frank Benseler: Begegnung mit Anna Seghers (1973)

Ich habe Anna Seghers getroffen. Vorher hat sie mich getroffen.

Der große Krieg war vorbei, das heißt für mich: Desertion und Besatzungszeit im Westen, langhaarig, in dem Kaftan aus schwarzgefärbtem Naziblusenstoff begann ich das Studium in Mainz. [...] Zwei Semester, und im Winter von Finthen bis Hauptbahnhof mit der Straßenbahn. Ich las in drei Wochen Lessings Hamburgische Dramaturgie, auch stehend, in der Kurve am Ausbesserungswerk geschüttelt. Und hier ist es gewesen: »Ich las, wie nur ganz junge Menschen Romane lesen« (Seghers), die Ausgabe eines Buchs über Hitler-Deutschland, dem wir eben entkommen waren, über dessen KZs wir unsere Witze gemacht hatten, jene Art von Witzen, die heute verschwunden sind, die das bitterste an Kritik darstellen, was ein Volk kollektiv sich leisten kann, wenn es ohnmächtig ist.

»Das siebte Kreuz«. Kann man die erste Liebesnacht vergessen, die Spontaneität, das Fieber, bis man merkt, daß alles natürlich ist, das Festhalten, Nicht-aufhören-Können, was ist hier wollen? Ich weiß nicht, wie lange Anna Seghers an diesem Roman geschrieben hat, ich las die Seiten in Stunden – und bin nie wieder zu jener faden Wirklichkeit aufgewacht, die ihrer sicher ist, die Gras für natürlich, einen Becher für selbstverständlich, Farbe als gegeben nimmt.

Zuerst glaubte ich, in einem über die Welt hin hallenden Schrei zu leben. Als der verstummte, die Menschen wie vorher neben mir im Kolleg saßen, setzte der Kontakt zur Außenwelt aus. Gedanken an Menschen, die neben mir gelebt haben, geflohen sind, von Mitmenschen verfolgt, nicht aufgenommen. Wenig hoffnungsvolle Hilfe. Das alles, während ich Pimpf war, mein Vater NS-Rechtswahrer und treuer Katholik; wir lebten auf Lebensmittelmarken und ließen die Bombenangriffe als »Terror« über uns ergehen. Diese Erinnerung, fremde auf eigenes Erleben geschmettert, hat mein Leben verändert. [S. 48 f.]

Christa Wolf: Das siebte Kreuz (1964)

Ich sehe noch, in der altmodischen Handschrift meiner alten Lehrerin, den merkwürdigen Namen und den merkwürdigen Titel an unserer Schultafel stehen: Anna Seghers, Das siebte Kreuz. Wir wurden – das muß 1948 gewesen sein – gebeten, nach Goethe und Rilke auch dies durchzunehmen, da es heutzutage nun einmal sein müsse. Ohne Vorbehalte, wenn man bitten dürfe. Ich sehe noch den schnell zerfleddernden Rowohlt-Rotationsdruck, den wir dann wirklich lasen. – Was aber lasen wir? Die atemberaubende Geschichte der Flucht eines Menschen, eines Kommunisten. Wir wünschten diesem Flüchtling das Gelingen seiner Flucht – man konnte nicht anders. Gleichzeitig wunderten wir uns: Glaubten wir doch, das zu kennen, was in jenen Jahren Deutschland gewesen war; wir hielten unsere kindliche Erinnerung damals noch für zuverlässig. Sollte also unter der glatten, uns oft glücklich erscheinenden Oberfläche ein solcher Heisler, sollten viele seinesgleichen um ihr Leben gelaufen sein, vielleicht an uns vorbei? Und hatten die anderen, die Erwachsenen ihn aufgenommen – ihn ausgeliefert?

Die Fragen, die uns das Buch eingab, hingen eng mit unseren anderen Fragen aus jener Zeit zusammen. Sie drückten uns so, sie drängten sich so vor, daß wir weit davon entfernt waren, dieses Buch wirklich zu erkennen und zu verstehen. Außerdem: um *ein* Buch richtig schätzen zu können, muß man viele gute Bücher gelesen haben. Auch davon waren wir weit entfernt. Doch die Frage, was in unserem Volk lebendig, gesund, wandlungsfähig geblieben sei, war direkt an uns gerichtet. [S. 276 f.]

Greta Kuckhoff: Begegnungen mit dem »Siebten Kreuz« (1942 in einem Aufsatz, verfaßt nach der Lektüre der ersten, englischsprachigen Ausgabe des Romans)

Und doch. Ich habe unter diesem siebten Kreuz so schwer getragen, daß ich völlig ermattet mit Georg an Bord der »Wilhelmine« am Mainzer Brückenkopf ankam, die ihn, mit falschen Papieren versehen, nun wirklich in die Freiheit steuern wird. So völlig ermattet, daß mir »der kleine, fast halslose Mann mit dem runden etwas fetten Gesicht«, der ihn dort erwartete, »mit den runden Nasenlöchern, mit vergrabenen Äuglein, einem Gesicht, hinter dem man gar nichts Gutes vermutete«, nicht – wie Anna Seghers es möchte – »wie das rechte Gesicht für einen aufrechten Mann, der allerlei riskierte«, vorkam, sondern wie ein neuer Alp, der die Zukunft gespenstisch, nicht wirklich macht.

Auf der einen Seite steht die Gewalt, ausgerüstet mit einem präzisen Apparat – auf der andern der Mensch mit seinem Willen, der fortschrittlichen und notwendigen Entwicklung zum Durchbruch zu verhelfen, und mit seinen Unzulänglichkeiten. Er entkommt der Maschine, die ihn zu zermalmen sucht, nur durch ein paar günstig zusammenwirkende Zufälligkeiten – vor ihm liegt ein Leben als Emigrant, das ihn zuerst aus völliger Erschöpfung heilen muß.

So entsteht in dem Leser ein Gefühl der Hoffnungslosigkeit. Sie wird durch die abschließenden Sätze des Buches, die das Ganze mit dem Beginn wie ein schauerliches Perpetuum mobile verbinden, noch verstärkt. Die Tatsache, daß es der Lagerleitung nicht gelang, den Flüchtling unter das siebte Kreuz zurückzubringen, löst zwar einen Wechsel in der Leitung aus. Aber die, welche nun dort herrschen, zeichnen sich nicht durch größere Menschlichkeit aus, sondern durch eine stillere, dafür um so wirksamer funktionierende Unterdrückung.

Anna Seghers' Roman schmerzt nicht mit den Schmerzen einer Wunde, die heilt, sondern, trotz vieler lebensvoll runder Gestalten und Geschehnisse, wie fiebriger Brand. [...] Die Frage nach der gültigen, fruchtbaren Gestaltungsmöglichkeit [der Gegnerschaft gegen den Faschismus; B. S.] ist nicht mehr verstummt. Es ist nicht ganz leicht, hier zur Klarheit zu kommen [S. 152 f.]

5.2.2 Bewunderung für die Wirklichkeitstreue des sozialen Romans

Stephan Hermlin: Das Werk der Anna Seghers (1947)

Zum erstenmal begegnete uns das *Siebte Kreuz* einige Monate vor dem Kriege, als die ersten Fortsetzungen in der Zeitschrift *Internationale Literatur*, die in deutscher Sprache in Moskau erschien, abgedruckt wurden. Der Eindruck war stark, ja überwältigend gewesen, weil uns, die wir Deutschland vor nicht allzu langer Zeit verlassen hatten, die Heimat mit ihrer Landschaft und ihren Menschen mit bestürzender Wahrhaftigkeit begegnete. Darüber hinaus war es die Echtheit der

Umstände gewesen, unter deren Bestimmung unsere Landsleute umhergingen und handelten, die über uns selbst gleichermaßen bestimmt hatten, diese Echtheit der Umstände aber hatte uns betroffen gemacht. Bereits waren im Ausland einige Bücher der aus Deutschland Verbannten erschienen, die danach trachteten, die deutsche Gegenwart zu gestalten – doch war unter mancherlei begabten Versuchen bis dahin kaum einer gewesen, den man von Unkenntnis der Verhältnisse, von verzerrender Schwarzweißzeichnung, von der Ersetzung menschlicher Charaktere durch aufrecht gehende und sprechende Ideen gänzlich hätte freisprechen können. [S. 145]

Hans-Albert Walter: Eine deutsche Chronik (1973)

Ganz unmerklich entsteht so ein Bild von den Lebensbedingungen im faschistischen Deutschland. So genau kannte Anna Seghers Eigenart und Gewohnheiten, Tun und Denken ihrer Landsleute, daß sie im Exil die Veränderungen nachzeichnen konnte, die der Faschismus darin bewirkt hatte. Die Veränderungen und erst recht das, was gleichgeblieben ist. Auf dem Hintergrund und im Kontrast zu diesem Alltäglichen und Gleichgebliebenen werden die Konflikte des Romans ausgetragen. [...]

Angesichts dieses großen psychologischen Einfühlungsvermögens überrascht es kaum, daß Anna Seghers auch keine der gängigen Exil-Illusionen in den Roman übernommen hat. Ein prägnantes Beispiel bietet ihre Darstellung des proletarischen Widerstandes. In den bis dahin und zur gleichen Zeit (hauptsächlich von kommunistischen und sozialistischen Autoren) geschriebenen Widerstandsromanen, -novellen und -erzählungen gibt es fast durchweg weitverzweigte illegale Organisationen, geheime Zellensitzungen, Verbindungen von Stadt zu Stadt, man liest von Flugblättern und Betriebszeitungen, von roten Fahnen, die über Nacht auf Kirchtürmen oder Fabrikschornsteinen angebracht wurden, und es wird von Zeichen des Widerstands in Arbeitsdienstlagern und Fabriken, bei der SA und der Wehrmacht berichtet. Im »Siebten Kreuz« sieht das alles etwas anders aus. Das Paulchen Röder etwa ist früher ein klassenbewußter Proletarier gewesen. Im Herbst 1937 jedoch schwärmt er vom sicheren Arbeitsplatz durch Hitler, von KdF-Reisen, Mütterfürsorge und NS-Volkswohlfahrt: »So etwas war noch nie da auf der Welt.« Und als Röder es dann, in einer Mischung von Freundschaft und Solidarität, auf sich nimmt, Heisler zu helfen, wie schwer fällt es ihm da, die Spur eines illegal arbeitenden Kommunisten zu entdecken. Damit soll nicht etwa die gute Tarnung der Illegalen bewiesen, es soll vielmehr gezeigt werden, daß die Verbindungen zwischen ihnen abgerissen sind. Da niemand weiß, wer überwacht wird, und weil man sich und andere nicht gefährden will, beschränkt sich der Kontakt aufs Notwendigste – eben auf so seltene Ereignisse, wie die Flucht eines KZ-Häftlings eines ist. Jederzeit steht für Heisler alles auf der Kippe, und selbst die Unterstützung der Genossen eingerechnet, ist es keineswegs ausgemacht, daß seine Flucht gelingt. Hülfen ihm nicht auch der Zufall und sein Glück, er käme nicht davon.

[...] Gerade der unbegründete Optimismus, die antifaschistische Euphorie machen ja viele Exiltexte zum Thema Deutschland nahezu unlesbar. Anna Seghers ist weder diesem – begreiflichen – Wunschdenken noch einer fatalistischen Schwarzmalerei erlegen. Ihre Wirklichkeitstreue bewährt sich darüber hinaus bei der Charakterisierung von Anhängern des Regimes. Auch hier hat sie sorgfältig differenziert – eine Mühe, der sich durchaus nicht alle Exilautoren unterzogen haben. Einige dieser Gestalten – etwa der in einem Streiflicht auftauchende denunzierende Nachbar oder die beiden aus den Zeiten der Republik in die Gestapo übernommenen Kriminalkommissare – sind geradezu Musterportraits geworden, von den Tatsachen in zahllosen Fällen beglaubigt. [S. 28-31]

5.2.3 Historisch-gesellschaftliche Wirklichkeit und Mythos

Kurt Batt: Anna Seghers (1973)

Allerdings liegt beiden Romanen [Manzonis »Die Verlobten« und dem »Siebten Kreuz«], reduziert man sie auf das innerste Geschehen, das in der Epik immer wieder behandelte Thema von Flucht und Wanderung zugrunde, durch welches das Grundmuster der Odyssee hindurchscheint. Heisler wird von der faschistischen Herrschaft verfolgt wie Odysseus vom Zorn Poseidons, aber er wird nicht allein durch eigene Intelligenz und gütige Handreichungen gerettet, sondern durch die *Kraft* vieler, die auch seine eigene ist. [S. 123]

Inge Diersen: Anna Seghers, Das siebte Kreuz (1972)

Das Kreuz, Symbol der Erlösung durch den Opfertod des Menschensohnes, Symbol des Heils, das im Jenseits liegt, aber auch Symbol des Todes schlechthin, ist zum Symbol des Lebens und der Zukunft geworden. Dabei wird die religiöse Kreuzsymbolik nicht einfach säkularisiert und in ihrem Gehalt umgekehrt. Der Lagerkommandant, der die Kreuze errichten ließ, handelt durchaus im Sinne der »Geschichte«, im Sinne der Christus-Legende – in seiner eitlen Verblendung nicht erkennend, daß er sich selbst die Rolle des Antichrist, des Gottes- und Menschenfeindes zuschreibt und seinen verhaßten Feinden, den Antifaschisten, die Rolle der Opfer, die noch im Tode triumphieren. [...] Doch gerade in diesem Zusammenhang wird deutlich, wie behutsam Anna Seghers mit der religiösen Überlieferung umgeht. Analog zu Heislers Empfindung angesichts der Passionsbilder im Mainzer Dom – »Alles, was das Alleinsein aufhebt, kann einen trösten. Nicht nur was von andern gleichzeitig durchlitten wird, kann trösten, sondern auch was von andern früher durchlitten wurde« – wird die religiöse, aufs Jenseits bezogene Heils- und Erlösungsgeschichte nicht als Gegensatz zum menschlich-diesseitigen Selbstbefreiungsauftrag empfunden, sondern als dessen Vorgeschichte. Die eigentliche Aufhebung der tradierten Kreuzsymbolik jedoch verbindet sich mit dem siebten Kreuz, das leer bleibt: so viele Opfer der Kampf auch fordert, die Zukunft wird durch den Sieg des Lebens bestimmt; nicht die Passion, die menschliche Aktion ist es, der die Zukunft gehört. [S. 119 f.]

Erika Haas: Ideologie und Mythos (1975)

Daß sich die Gestaltung nicht auf eine Polarisierung höllische – paradiesische Welt beschränkt, hat seinen eigenen guten Sinn. Läßt sich die Beschreibung des Lagers Westhofen unter Rückgriff auf tradierte Höllenvorstellungen noch als Versuch begreifen, die Konzentration menschlicher Entartung und Brutalität mithilfe überkommener mythologischer Bilder zu umschreiben, so läge es nahe, einen Gegenentwurf, der die in Ordnung gebliebene Welt in Anlehnung an den Paradieses-Mythos darstellte, im Bezugsfeld der jüdisch-christlichen Überlieferung zu sehen und damit mißzuverstehen. Es geht der Seghers hier eben nicht um das Konzept einer religiös interpretierbaren Wirklichkeit – eine solche Auffassung wird durch die dem Genre der Idylle gemäße Stilisierung des Marnetschen Umkreises abgewehrt –, sondern um den Aufweis einer zeitlos idealen, das Naturhafte als gut und richtig, als bleibend und human zur Erscheinung bringenden Lebensordnung.

Mit anderen Worten: Im »Siebten Kreuz« besteht die Funktion der Idylle einmal darin, paradiesisch bestimmtes Gegenbild zur pervertierten Welt des Nationalsozialismus zu sein, zum anderen in einer Neutralisierung des jüdisch-christlichen Vorverständnisses, das die Paradiesesvorstellung weitgehend beherrscht. Freilich sind damit keineswegs die mythischen Strukturen im Ganzen abgebaut. Anstelle einer Betonung der jüdisch-christlichen Traditionselemente steht nun dic Hervorhebung naturhafter Ordnungen und zeitlos gültiger Gesetze. [S. 51 f.]

5.2.4 Realismus und Avantgardismus

Alexander Stephan: Vom Fortleben der Avantgarde im Exil (1985)

Eine Verbindung von Realismus und Avantgarde prägt denn auch jenen Roman, der den Ruhm von Anna Seghers begründet hat: *Das siebte Kreuz*. Ingredienzen, die man sozialistisch-realistischem Erzählen zuschreibt, stechen dabei zuerst ins Auge. Eine simple überschaubare Fabel verspricht eine spannende Lektüre [...] Von gleichsam klassischer Einheit sind auch Zeit und Ort der Handlung: Nach sieben an Märchen und Bibel erinnernden Tagen vermag der letzte, der siebte Flüchtling, sich vor der Gestapo in Sicherheit zu bringen; sein Fluchtweg verläßt das Rhein-Main-Gebiet zwischen Osthofen, Mainz und Frankfurt erst auf den allerletzten Seiten des Romans. Eine alltägliche, von Dialekt durchsetzte Sprache deutet an, daß Anna Seghers den einfachen Menschen ihrer Heimat aufs Maul geschaut hat. Lange Schwenks über Mainz und die Landschaft im Umkreis von Mainz tragen das nötige Quäntchen Lokalkolorit und Volkstümlichkeit bei. Die Hauptperson, Georg Heisler, übersteht nach Manier eines vorbildlichen Helden alle Gefahren und Schwächen. Als Funktionär der KPD bringt er die richtige Einstellung mit, ohne den Volksfrontton des Buches einzuengen. Die kommunistischen Helfer im Hintergrund, von denen Heisler versteckt und mit falschen Papieren ausgestattet wird, deuten an, daß der Widerstand der KPD gegen das Dritte

Reich 1937 keineswegs gebrochen ist. Keine der Personen, inklusive der KZ-Wächter, wird zum platten Träger ideologischer Botschaften reduziert. Flucht und Liebe setzen bei Akteuren und Lesern Emotionen frei. Die Tatsache, daß Georg das rettende Ausland zu erreichen scheint, tut der Konzeption von einer positiven Perspektive genüge.

[...]

Eine Absage an die Methoden der literarischen Avantgarde, die manche von Anna Seghers' Kollegen damals in Theorie und Praxis vollzogen, ein Modell sozialistisch-realistischer Literatur gar, wie man in der DDR den Schulkindern erzählte, ist *Das siebte Kreuz* deshalb nicht. Im Gegenteil. Was sich beim ersten Anschauen als ein realistischer Roman vom Genre Antifaliteratur liest, entpuppt sich beim genauen Hinsehen als ein Text, in dem die von Lukács und anderen totgesagten Mittel der Avantgarde weiterleben. Die hellsichtige Aussage des Brecht-Freundes Walter Benjamin von 1938 über *Die Rettung* trifft nämlich auch auf *Das siebte Kreuz* zu: »Es ist ... weit entfernt vom Roman, der im Grunde nur an den Leser denkt ... Nicht die Gesetzlichkeit des Romans, in dem die episodischen Figuren im Medium einer Hauptfigur vorkommen, wirkt sich in der Gestaltenfülle des Buches aus. Dieses Medium – das ›Schicksal‹ – fehlt ... Der Bekanntschaften, die der Leser macht, wird er zuvörderst als Zeuge eingedenk sein. Es sind Märtyrer im Wortsinn ... Zeugen. Der Bericht von ihnen ist eine Chronik.«

Ein Blick auf die Makro- und Mikrostruktur des Romans belegt, daß Benjamin recht hat: *Das siebte Kreuz* ist in der Tat ein Beispiel dafür, »daß die Romanform selber im Umbau begriffen ist« [W. Benjamin; B. S.]. So bietet das Fluchtmotiv, das für die Einheit von Zeit, Raum und Handlung gesorgt hat, zugleich die Möglichkeit, durch das Nazideutschland einen Querschnitt zu ziehen, an dem sich nach Art von John Dos Passos' *Manhattan Transfer* oder Alfred Döblins *Berlin Alexanderplatz* eine unbegrenzte Zahl von Personen und Aktionen ansiedeln läßt. Die Gliederung des Romans in sieben Kapitel, 44 Unterteile und weit über 100 Geschehnisfacetten unterstreicht die Tendenz zum novellistischen Aufsplittern der Handlung. Blende, Schnitt und harte Fügung markieren die Stellen, an denen die Perspektive innerhalb eines Kapitels, ja bisweilen sogar in einer der Facetten von einem Ort und einem Personenkreis zum anderen springt. Ein Rahmen, in dem vom Gelingen der Flucht berichtet wird, sorgt dafür, daß sich die Spannung vom Ausgang auf den Gang der Handlung verlagert. Eine ganze Reihe der Facetten enthält, Brechts Gestentafel in *Furcht und Elend des Dritten Reiches* nicht unähnlich, den Kern zu umfangreichen Erzählungen. Teile des Romans ließen sich, wie es mit dem Bericht über das Aufstellen des Maschinengewehrs im Wohnzimmer der Frau Kamptschick aus *Der Weg durch den Februar* geschehen ist, ohne weiteres aus dem Kontext herauslösen. [S. 46 f.]

Literaturverzeichnis

1.Texte von Anna Seghers

Das siebte Kreuz. Roman. Frankfurt/M. 1988 (= Sammlung Luchterhand 108) (nach dieser Ausgabe wird im Text mit Seitenzahl zitiert)

Über Kunstwerk und Wirklichkeit, Bd. I: Die Tendenz in der reinen Kunst, bearb. u. eingel. v. *Sigrid Bock*. Berlin/DDR 1970

Über Kunstwerk und Wirklichkeit, Bd. III: Für den Frieden der Welt, bearb. u. eingel. v. *Sigrid Bock*. Berlin/DDR 1971

2. Sozial- und literaturgeschichtlicher Hintergrund

Beck, Johannes u. a. (Hg.): Terror und Hoffnung in Deutschland 1933-1945. Leben im Faschismus. Reinbek 1980

Benjamin, Walter: Das Kunstwerk im Zeitalter seiner technischen Reproduzierbarkeit. Frankfurt/M. 1963 (= edition suhrkamp 28)

Bloch, Ernst: Erbschaft dieser Zeit. In: *E. B.*, Gesamtausgabe, Bd. 4. Frankfurt/M. 1962

Clemenz, Manfred: Gesellschaftliche Ursprünge des Faschismus. Frankfurt/M. 1972

Dümling, Albrecht: Entartete Musik. In: Entartete Musik. Zur Düsseldorfer Ausstellung 1938. Eine kommentierte Rekonstruktion, hg. v. *Albrecht Dümling* und *Peter Girth*. Düsseldorf 1988

Focke, Harald / Reimer, Uwe: Alltag unterm Hakenkreuz. Wie die Nazis das Leben der Deutschen veränderten. Reinbek 1979

Grünewald, Paul: Das KZ Osthofen. In: *Eike Hennig* u. a. (Hg.), Hessen unterm Hakenkreuz. Studien zur Durchsetzung der NSDAP in Hessen. Frankfurt/M. 1983, S. 490-505

Hitler, Adolf: Mein Kampf. München 1933

Koebner, Thomas /Rotermund, Erwin (Hg.): Rückkehr aus dem Exil. Emigranten aus dem Dritten Reich in Deutschland nach 1945. Essays zu Ehren von Ernst Loewy. Marburg 1990

Kühnl, Reinhard: Formen bürgerlicher Herrschaft. Liberalismus – Faschismus. Reinbek 1971

Lukács, Georg: Essays über Realismus. In: *G. L.*, Werke, Bd. 4: Probleme des Realismus I. Neuwied, Berlin 1971

Maimann, Helene: Sprachlosigkeit. Ein zentrales Phänomen der Exilerfahrung. In: *Wolfgang Frühwald / Wolfgang Schieder* (Hg.), Leben im Exil. Probleme der Integration deutscher Flüchtlinge im Ausland 1933-1945. Hamburg 1981, S. 31-38

Rotermund, Erwin: Deutsche Literatur im Exil 1933-1945. In: *Viktor Žmegač* (Hg.), Geschichte der deutschen Literatur vom 18. Jahrhundert bis zur Gegenwart, Bd. III/1: 1918-1945. Königstein/Ts. 1984, S. 186-317

Sauder, Gerhard (Hg.): Die Bücherverbrennung zum 10. Mai 1933. München, Wien 1983

Schlenstedt, Dieter: Das Werk als Rezeptionsvorgabe und Probleme seiner Aneignung. In: *Manfred Naumann* u. a., Gesellschaft Literatur Lesen. Literaturrezeption in theoretischer Sicht. Berlin, Weimar 1973, S. 301-438

Spies, Bernhard: Dramen der Selbstbehauptung. Aspekte der Komödie im Exil. In: Exiltheater und Exildramatik 1933-1945. Tagung der Hamburger Arbeitsstelle für Exilliteratur 1990, hg. v. *Edita Koch* und *Frithjof Trapp*. Maintal 1991, S. 268-282

Stephan, Alexander: Die deutsche Exilliteratur 1933-1945. Eine Einführung. München 1979 (= Beck'sche Elementarbücher)

Strothmann, Dietrich: Nationalsozialistische Literaturpolitik. Ein Beitrag zur Publizistik im Dritten Reich. Bonn 1960 (= Abhandlungen zur Kunst-, Musik- und Literaturwissenschaft, 13)

Walter, Hans-Albert: Das Bild Deutschlands im Exilroman. In: Neue Rundschau 77 (1966), H. 3, S. 437-458

Walter, Hans-Albert: Deutsche Exilliteratur 1933-1950, Bd. 1: Bedrohung und Verfolgung bis 1933. Darmstadt, Neuwied 1972

3. Gesamt- und Einzeldarstellungen zu Anna Seghers

Batt, Kurt: Anna Seghers. Versuch über Entwicklung und Werke. Frankfurt/M.: Röderberg-Verlag 1980 (zuerst Reclam-Verlag, Leipzig 1973)

Benseler, Frank: Begegnung mit Anna Seghers. In: Anna Seghers aus Mainz. Mainz: Krach-Verlag 1973, S. 48 f.

Buthge, Werner: Anna Seghers. Werk – Wirkungsabsicht – Wirkungsmöglichkeit in der Bundesrepublik Deutschland. Stuttgart 1982

Degemann, Christa: Anna Seghers in der westdeutschen Literaturkritik 1946 bis 1983. Eine literatursoziologische Analyse. Köln 1985 (= Pahl-Rugenstein Hochschulschriften 193)

Greiner, Bernhard: ›Sujet barré‹ und Sprache des Begehrens. Die Autorschaft ›Anna Seghers‹. In: *Walter Schönau* (Hg.), Literaturpsychologische Studien und Analysen. Amsterdam 1983, S. 319-352

Greiner, Bernhard: Subjekt und Symbol: Anna Seghers' literarische Diskursbegründung. In: *Norbert Oellers* (Hg.), Germanistik und Deutschunterricht im Zeitalter der Technologie: Selbstbestimmung und Anpassung. Vorträge des Germanistentages Berlin 1987, Bd. 3: Literatur und Literaturunterricht in der Moderne. Tübingen 1988, S. 77-95

Haas, Erika: Ideologie und Mythos. Studien zur Erzählstruktur und Sprache im Werk von Anna Seghers. Stuttgart 1975 © Verlag Hans-Dieter Heinz, Stuttgart

Hermlin, Stephan: Das Werk der Anna Seghers. In: *Stephan Hermlin/Hans Mayer*, Ansichten über einige neue Schriftsteller und Bücher. Wiesbaden 1947, S. 143-147

Roos, Peter/Hassauer-Roos, Friederike J.(Hg.): Anna Seghers Materialienbuch. Darmstadt, Neuwied 1977 (= Sammlung Luchterhand 242)

Rotermund, Erwin: Soziales Engagement und Dichtung der ›Unmittelbarkeit‹. Ein Blick über das Früh- und Exilwerk von Anna Seghers. In: *Günter Eifler/Anton Maria Keim* (Hg.), Anna Seghers. Mainzer Weltliteratur. Beiträge aus Anlaß des 80. Geburtstags. Mainz 1981, S. 58-70

Stephan, Alexander: Anna Seghers. Künstlerische Anschauung und politischer Auftrag. In: *Hans Wagener* (Hg.), Zeitkritische Romane des 20. Jahrhunderts. Die Gesellschaft in der Kritik der deutschen Literatur. Stuttgart 1975, S. 167-191

Stephan, Alexander: Vom Fortleben der Avantgarde im Exil. Das Beispiel Anna Seghers. In: Blätter der Carl-Zuckmayer-Gesellschaft 11 (1985), H. 1, S. 42-51 = 1985 a

Stephan, Alexander (Hg.): Anna Seghers im Exil. Essays, Texte, Dokumente. Bonn 1993 (= Studien zur Literatur der Moderne, Bd. 23)

Wagner, Frank: »... der Kurs auf die Realität«. Das epische Werk von Anna Seghers (1935-1943). Berlin/DDR 1978

Walter, Hans-Albert: Eine deutsche Chronik. Das Romanwerk von Anna Seghers aus den Jahren des Exils. In: Anna Seghers aus Mainz. Mainz: Krach-Verlag 1973, S. 13-47
Winckler, Lutz: »Diese Realität der Krisenzeit«. Anna Seghers' Deutschlandromane 1933-1949. In: *Günter Eifler/Anton Maria Keim* (Hg.), Anna Seghers. Mainzer Weltliteratur. Beiträge aus Anlaß des 80. Geburtstags. Mainz 1981, S. 71-97
Zehl Romero, Christiane: Anna Seghers. Reibek 1993 (= rowohlts monographien)

4. Zum »Siebten Kreuz«

Beicken, Peter: Anna Seghers: »Das siebte Kreuz« (1942). In: *Paul Michael Lützeler* (Hg.), Deutsche Romane des 20. Jahrhunderts. Neue Interpretationen. Königstein/Ts. 1983, S. 255-272
Diersen, Inge: Anna Seghers: »Das siebte Kreuz«. In: Weimarer Beiträge 18 (1972), H. 12, S. 96-120
Hilzinger, Sonja (Hg.): »Das siebte Kreuz« von Anna Seghers. Texte, Daten, Bilder. Frankfurt/M. 1990 (= Sammlung Luchterhand 918)
Kuckhoff, Greta: Begegnungen mit dem »Siebten Kreuz«. In: Über Anna Seghers. Ein Almanach zum 75. Geburtstag, hg. v. *Kurt Batt*. Berlin, Weimar 1975, S. 152 f. © Aufbau-Verlag, Berlin und Weimar
Stephan, Alexander: »... ce livre a pour moi une importance spéciale.« Das siebte Kreuz: Entstehungs- und Manuskriptgeschichte eines Exilromans. In: Exil (1985), H. 2, S. 12-24 = 1985 b
Stephan, Alexander: Anna Seghers' The Seventh Cross. Ein Exilroman über Nazideutschland als Hollywood-Film. In: Exilforschung. Ein internationales Jahrbuch 6 (1988), S. 214-229
Straub, Martin: Alltag und Geschichte in Anna Seghers' Roman »Das siebte Kreuz«. Studien zur Motivgestaltung. Diss. (masch.) Jena 1977
Wolf, Christa: »Das siebte Kreuz«. In: *Ch. W.*, Die Dimension des Autors. Essays und Gespräche 1959-1985. Darmstadt, Neuwied 1987, S. 263-278 (zuerst als Nachwort zu Anna Seghers: Das siebte Kreuz. Berlin/DDR 1964) © Luchterhand Literaturverlag, Hamburg und Zürich

5. Didaktische Literatur

Ackermann, Michael: Der Roman des antifaschistischen Exils im Deutschunterricht. Hamburg 1983
Ackermann, Michael: Schreiben über Deutschland im Exil. Irmgard Keun: Nach Mitternacht. Anna Seghers: Das siebte Kreuz. Stuttgart 1986 (= Anregungen für den Literaturunterricht)
Berkessel, Hans: »Das siebte Kreuz« – »an einem Ereignis die ganze Struktur des Volkes aufrollen«. Überlegungen zu einem Unterrichtsprojekt. In: Mainzer Geschichtsblätter. Veröffentlichungen des Vereins für Sozialgeschichte Mainz e.V., H. 6 (1990), S. 49-68
Blumensath, Christel und *Heinz:* Einführung in die DDR-Literatur. Mit Unterrichtsvorschlägen für die Sekundarstufen I und II. Stuttgart 1983
Jaretzky, Reinhold/Taubald, Helmuth: Das Faschismusverständnis im Deutschlandroman der Exilierten. Untersucht am Beispiel von Anna Seghers: Das siebte Kreuz, Lion Feucht-

wanger: Die Geschwister Oppermann und Ödön von Horváth: Ein Kind unserer Zeit, einschließlich eines Vorschlags für die Behandlung im Unterricht. In: Sammlung. Jahrbuch für antifaschistische Literatur und Kunst 1 (1978), S. 12-36

Merkelbach, Valentin: Rezeption und Didaktik von Anna Segher's Roman »Das siebte Kreuz«. In: Diskussion Deutsch 73, 1983, S. 532-550

6. Bibliographien

Batt, Kurt: Über Anna Seghers. Ein Almanach zum 75. Geburtstag. Mit einer Bibliographie. Berlin, Weimar 1975

Behn-Liebherz, Manfred: Auswahlbibliographie zu Anna Seghers 1974-1981. In: Anna Seghers. Zweite Auflage: Neufassung, Text + Kritik Heft 38. München 1982

Degemann, Christa: Anna Seghers in der westdeutschen Literaturkritik 1946 bis 1983. Köln 1985 (s. 3. Gesamt- und Einzeldarstellungen)

Laufende Bibliographie in: Argonautenschiff. Jahrbuch der Anna-Seghers-Gesellschaft (ab 1992)

987 654 321

Grundlagen und Gedanken zum Verständnis erzählender Literatur

Interpretationshilfen

Herausgegeben von Hans-Gert Roloff.

Andersch, Sansibar oder der letzte Grund. (K. Sollmann)	(6163)
Becker, Jakob der Lügner. (H. Krauss und E. Schütz)	(6169)
Böll, Ansichten eines Clowns. (B. Balzer)	(6038)
Böll, Die verlorene Ehre der Katharina Blum. (B. Balzer)	(6041)
Brecht, Geschichten vom Herrn Keuner. (D. Wöhrle)	(6055)
Büchner, Lenz. (R. Thieberger)	(6031)
Dürrenmatt, Der Richter und sein Henker. (G. P. Knapp)	(6037)
Fontane, Effi Briest. (C. Grawe)	(6040)
Fontane, Frau Jenny Treibel. (O. Keiler)	(6035)
Fontane, Irrungen, Wirrungen. (K. Sollmann)	(6054)
Frisch, Homo faber. (M. und G. P. Knapp)	(6043)
Frisch, Stiller. (J. Petersen)	(6173)
Goethe, Die Leiden des jungen Werther. (S. Blessin)	(6032)
Goethe, Die Wahlverwandtschaften. (T. Elm)	(6034)
Goethe, Wilhelm Meister. (T. Elm)	(6168)
Grimmelshausen, Der abentheurliche Simplicissimus Teutsch. (W. Busch)	(6033)
Hartmann von Aue, Der arme Heinrich. (B. Könneker)	(6044)
Heine, Deutschland. Ein Wintermärchen. (K. Fingerhut)	(6167)
Kafka, Der Prozeß. (H. D. Zimmermann)	(6039)
Kafka, Die Verwandlung. (U. Abraham)	(6172)
Kleist, Die Marquise von O . . . (K. Schwind)	(6166)
Kleist, Michael Kohlhaas. (E. Fischer-Lichte)	(6050)
H. Mann, Der Untertan. (K. Jarmatz)	(6053)
Th. Mann, Buddenbrocks. (H. Koopmann)	(6042)
Th. Mann, Der Tod in Venedig. (J. Häfele und H. Stammel)	(6161)
Th. Mann, Tonio Kröger. (I. Wild)	(6052)
Das Nibelungenlied. (W. Hoffmann)	(6046)
Schiller, Der Verbrecher aus verlorener Ehre. (R. Kawa)	(6162)
Seghers, Das siebte Kreuz. (B. Spies)	(6059)
Storm, Der Schimmelreiter. (G. Weinreich)	(6045)
Wolf, Der geteilte Himmel. (I. Gerlach)	(6170)

Diesterweg

633/11

Grundlagen und Gedanken zum Verständnis des Dramas

Interpretationshilfen

Herausgegeben von Hans-Gert Roloff.

Neuere Dramenliteratur

Anouilh, Antigone. (W. Schrank) (6070)
Beckett, Warten auf Godot. (G. P. und M. Knapp) (6081)
Borchert, Draußen vor der Tür. (B. Balzer) (6087)
Brecht, Der aufhaltsame Aufstieg des Arturo Ui. (D. Thiele) (6098)
Brecht, Die Dreigroschenoper. (D. Wöhrle) (6097)
Brecht, Furcht und Elend des Dritten Reiches. (W. Busch) (6090)
Brecht, Der gute Mensch von Sezuan. (J. Knopf) (6088)
Brecht, Die heilige Johanna der Schlachthöfe. (J. Knopf) (6061)
Brecht, Herr Puntila und sein Knecht Matti. (S. Mews) (6076)
Brecht, Der Jasager und der Neinsager. (R. Jaretzky) (6067)
Brecht, Der kaukasische Kreidekreis. (S. Mews) (6082)
Brecht, Leben des Galilei. (H. Knust) (6084)
Brecht, Mutter Courage und ihre Kinder. (D. Thiele) (6089)
Dorst, Toller. (R. Taëni) (6077)
Dürrenmatt, Der Besuch der alten Dame. (S. Mayer) (6080)
Dürrenmatt, Die Physiker. (G. P. Knapp) (6079)
Dürrenmatt, Romulus der Große. (G. P. Knapp) (6062)
Frisch, Andorra. (G. P. und M. Knapp) (6071)
Frisch, Biedermann und die Brandstifter. (G. Jordan) (6085)
Handke, Kaspar. (R. Voris) (6064)
Hauptmann, Der Biberpelz. (H. Scheuer) (6086)
Hauptmann, Die Weber. (G. Schildberg-Schroth) (6083)
Hochhuth, Der Stellvertreter. (B. Balzer) (6092)
Hofmannsthal, Jedermann. (H. Müller) (6366)
Ibsen, Nora oder Ein Puppenheim. (D. Bänsch) (6066)
Kipphardt, In der Sache J. Robert Oppenheimer. (F. van Ingen) (6078)
Kroetz, Oberösterreich/Mensch Meier. (J. Hein) (6091)
Sternheim, Die Hose. (J. Ukena) (6364)
Wedekind, Frühlings Erwachen. (G. Pickerodt) (6068)
Weiss, Die Ermittlung. (G. Weinreich) (6073)
Weiss, Marat/Sade. (G. Weinreich) (6074)
Zuckmayer, Der Hauptmann von Köpenick. (S. Mews) (6363)
Zuckmayer, Des Teufels General. (S. Mews) (6367)